授業づくりの
ポイントがわかる

はじめての
「特別支援学級」
みんな花マル授業ガイド

特別支援教育の実践研究会・
喜多 好一 編

明治図書

はじめに

　私が，新規採用教員として初めて知的障害特別支援学級の担任として着任した時に最も不安に感じたのが，**「授業づくり」**でした。私ももちろん，目の前の一人一人の子供への指導には最善を尽くしましたが，定められた教科書がない中，日々行われる授業をどのように計画していけばよいか戸惑いの連続でした。その後，日々の実践と研修を繰り返す中で「授業づくり」の基礎基本を学んでいきました。授業を計画，実施する際は，特別支援学級の教育課程を踏まえてその実現を目指すこと，一人一人の教育的ニーズに応じた授業をするためには個別の指導計画等を理解していないといけないこと，知的障害の特性を踏まえた教材や教具の工夫が必要なこと，採用した教科書で教えること，下学年の学習内容を指導する前に各学年の検定教科書の系統性や内容を理解しておくことなどです。しかし，「授業づくり」に少しだけ自信がもてるようになるまでには，かなりの年月を要しました。

　今般，全国の小中学校，義務教育学校に設置された特別支援学級対象の子供が年々増加をし，令和４年度には約35.3万人に達しました。これに伴って，担当する教員数も右肩上がりに増えています。教員不足が全国的な問題になっていることも拍車をかけ，特別支援学級に配置される教員の多くが特別支援教育の経験並びに専門性が乏しい現状があります。

　もしかすると前述の私のように不安を抱えながら，授業に臨んでいる教員がかなりの数に上るのではと想像しています。現在，特別支援学級の担当教員の専門性を向上させるより，いかに専門性を担保していくかが大きな課題となっています。

　このような課題を改善・解決するため，文部科学省では，特別支援教育の経験者を増やす施策を打ち出しました。令和４年３月「特別支援教育を担う教師の養成の在り方等に関する検討会議報告」に記された「全ての新規採用教員がおおむね10年目までの期間内において，特別支援学級の教師や，特別

支援学校の教師を複数年経験することとなる状態を目指す」という方針は全国各自治体の教育委員会に通知として発出され，現在，その実現に向けた人的措置が図られ進められているところです。ただ，様々な事情によりその措置が難しい場合は，校内での交換授業，担任外の教師による特別支援学級の専科指導などの代替策も示されています。さらには，10年目以上の教員に関しても，キャリアの中で特別支援教育の経験ができるように努めることにも触れられています。

　早晩，**教職経験の少ない教員も含めた全ての教員は，キャリアプランの中で，特別支援学級で指導する経験をすること**になります。前述した不安を抱えながら特別支援学級に配置され授業をしている先生も含め，私のように**授業づくりのノウハウを身に付けるのに時間をかけていられません。**

　そこで，**初めて特別支援学級の授業に携わった教員でも授業づくりに迷わずに臨むことができるようにする**ため，本書『**はじめての「特別支援学級」みんな花マル授業ガイド**』を刊行いたしました。昨年度発行した『**はじめての「特別支援学級」12か月の花マル仕事術**』を**姉妹本**として，授業づくりに特化した内容にしてあります。

　まずは，**第1章**で特別支援学級の授業と通常の学級の授業との違いが理解できるよう「**授業づくり」の基礎基本**を押さえてあります。法規的で堅苦しい内容ではありますが，指導者が身に付けなければならない知識です。だれから質問があっても正しく答えられる専門性として覚えましょう。

　第2章からよりよい**「授業づくり」のポイントを踏まえた事例を豊富に記載**してあります。特別支援学級では自立活動の指導が必須となりましたので，自立活動の「授業づくり」についても事例を載せてあります。ぜひ，日々の授業づくりに役立てていただけますと幸いです。

　執筆に当たっては，全国で活躍されている特別支援学級の先生方から，選りすぐりの実践を紹介していただいています。ご執筆いただいた全ての皆様に心から御礼を申し上げます。

『特別支援教育の実践情報』編集部　喜多　好一

いるかどり

全員が参加できる授業を目指して
～視空間認知にアプローチした小学校特別支援学級の実践～

（いるかどり）

授業のポイント❶　視覚情報で共有と共感をする

　国語の授業では，教科書に描いてある絵や調べてみた写真など，**視覚的な情報を効果的に取り入れる**ことが大切です。

　例えば，「燃えるような空の色だ」という一文を読んだ時に「火事が起きたのかな？」「赤とんぼの歌に出てきた空かな？」など，一人一人の経験によって想像されるイメージが変わってきます。もちろん，一人一人のイメージがあることはよいことです。自分の考えをノートに書くなどして学習を進めます。ここで重要なのは，一人一人想像したイメージや考えが異なることを前提として**「共有・共感の機会を提供する」**ことです。

　目の前の子供たちの姿から活動を取り入れ，

- 色鉛筆やクレヨンを使って画用紙に絵を描く
- タブレットで自分のイメージに近い空の画像を見つける
- 色相環から自分のイメージに近い色を指差しする　など

　教師や友達と自分のイメージを共有し，共感や発見が生まれることで学び合うことができるように，機会を提供することが大切です。

授業のポイント❷　学習に集中できるように環境調整をする

　読む・書くといった学習の土台となる力に苦手意識が見られる場合には，**本人や保護者や同じ学級の友達などと相談をして環境調整**を行います。

　読むことが難しい場合には，カラールーペや拡大鏡を使用して視覚にアプ

ローチすることや，教科書に漢字の読み方を書いておくことで安心して学習
に取り組み，集中できるような環境調整をします。

　書くことが難しい場合には，鉛筆にシリコンを取り付けて手指を支援する，
凸凹した下敷きを使用するなど，触覚にアプローチすることで学習に集中で
きるように環境調整をします。

・文章を読むことが苦手で音読や発表場面になると固まってしまう。
　→音声再生アプリを活用する，ホワイトボードに書いて発表する　など
・文字を書くことが苦手で板書を視写することが難しい。
　→タブレットで板書された黒板の写真を撮影して保存する，事前に拡大コ
　ピーをしておいたワークシートに書き込めるようにする　など

　物的な環境調整をすることで，即効性のある成功体験と授業に主体的に参
加できるような機会の提供を目指していくことが大切です。

授業のポイント❸　振り返りの方法は自分で選択する

　授業の最後に振り返りの時間を設定します。子供たちが自分で「自分がわ
かりやすい方法」を選択して学びを振り返ることを大切にしています。

・ニコニコ顔や困った顔などのシールをノートの印象的な部分に貼る
・タブレットでタイピングをして考えをまとめておく
・特に気に入った部分や学んだ部分などを色ペンで囲む
・ノートに三行程度日記を書く　など

　子供たちが，後からノートを見返した時に，「今日の授業はここが楽しか
った」「〜だってわかった！」と学びを振り返ることができるようにします。
逆に，全員が一斉指示のもと必ずやらなければならない（例：全員が今日の
授業で学んだことを３分以内に三行日記として書く）といった「〜でなけれ
ばならない」という集団思考からの脱却を図ることが大切だと考えます。本
時の目標に向かって進むプロセスは，同じ場で学んでいても，一人一人の学
びの形があっていいと考えています。

教材アイデア❶　マスの中に自分の名前を書こう！

❶こんな子に

- 自分の名前を書く時に，長方形のマス目からはみ出てしまう子。
- 自分の名前を書く時に，最初は大きく最後は小さな文字になってしまう子。

❷指導のねらい（教材でつけたい力）

「長方形の枠にバランスよく自分の名前を書くことができる」

　視空間認知にアプローチする教材を活用した「書く」学習です。はじめは色のついたマス目に名前を書くところから，少しずつ難易度を上げていき，最後は長方形のマス目に書くことができるように学習をします。

　学校生活では，作文用紙やテストなど，決められたサイズの枠の中に，自分の名前や文字を書く場面があります。どのような大きさの枠であっても，スムーズにバランスよく書けるようになることを目指します。

❸指導の流れ

- 教師と一緒に自分の名前を指で書く。
- 教師が名前の見本を作成する。
- 教師と一緒に枠のサイズを確認する。
- 子供が自分の名前を鉛筆でなぞり書きする。
- 色のついたマス目から順に書いていく。
  ※必要に応じて，ドットや補助線を書いて支援をする。
- 最後の枠まで書き終わったら教師に伝える。
- 教師と一緒に確認をする。
※家庭学習では，たくさんの量を一度に取り組むよりも，毎日1枚ずつコツコツと取り組むことが大切です。

月　日

まつだ　ともみ

↓　↓　↓　↓　↓　↓　↓

教材アイデア❷　四角形で囲みます！

❶こんな子に

- 同じ文字を書くと上下左右のバランスを整えることが難しい。
- 言葉や名前を書くと文字間や行間のバランスを整えることが難しい。

❷指導のねらい（教材でつけたい力）

「言葉や名前を書いた時に全体のバランスを意識することができる」

　視空間認知にアプローチする教材となります。

　枠の中に文字を収めること，文字間や行間のバランスをとることが難しい様子が見られた際には，作文用紙や行ノートに書く学習の前にウォーミングアップとして取り入れると全体のバランスを意識することにつながります。文字そのもののバランスを意識することはもちろん，文字間や行間が凸凹しないようにバランスを確認します。

　学習方法は単純ですがバランスをとることが難しい教材です。ワークシートに書かれている様々なサイズの文字や言葉の周りに四角形を書き，文字を囲むことができるように取り組みます。一文字であれば正方形を，三文字などの言葉であれば長方形で囲むことができるように声かけをします。

❸指導の流れ

- 教師と一緒に正方形や長方形の確認をする。
- 「りんご」であれば，「りんご」で一つの言葉であることを確認する。
- 鉛筆を活用して４本の線を書き四角形で囲む。
- 教師と一緒に全体のバランスを確認する。
- 次の学習に進む。

※家庭学習では，たくさんの量を一度に取り組むよりも，毎日１枚ずつコツコツと取り組むことが大切です。

□ で かこみます　月　日

こ

りんご

ん

も

ら

や

くり

ともみ

め

の

を

特別支援学級

算数

ポイント&アイデア

いるかどり

一斉指導で個別学習型の授業を目指して
〜一人一人の学習目標と強みを活かした教材〜

(いるかどり)

授業のポイント❶ 同じ系統で授業を組み立てる

特別支援学級の担任をしていて難しいなと感じるのは「教師が一人なのに対して，学習進度の違う子供たちが最大8名同時に学習する」ということです。当該学年の教育課程を学習する子，前学年の教育課程を学習する子，特別支援学校の教育課程を学習する子，**同じ学年でもそれぞれの学びを提供する**必要があります。

私が授業を設定する時に大切にしていることは，**同じ系統でそれぞれの学びを提供する**ことです。例えば，同じ授業の中でAさんは数と計算，Bさんはデータの活用，Cさんは図形など異なった系統で授業を展開しようとすると導入やまとめも難しくなり，板書や声かけにも統一感がなくなってしまいます。そこで，一斉指導でありながら，個別の学習を提供できるように，Aさんは10までの数の数え方，Bさんは10よりも大きい数，Cさんは100より大きい数，Dさんは1000より大きい数など同じ系統で授業を計画します。

すると，導入時に「今日は数を数えてみよう！」など一斉の声かけで開始することができ，共通目標が「数に関すること」だと全員で共有することができます。そこから個別目標を確認して個別学習に進みます。まとめも同様に，全員が共通目標と個別目標が同じ系統であるため混乱を防ぎながら，みんなで授業を終えることができます。

授業のリズムとしては，全員→個別（ペアやグループの時もある）→全員と一斉→個別→一斉の流れを大切にしています。

授業のポイント❷　教材は強みに合わせてオーダーメイドする

　一人一人が楽しく，そして集中して学習をするために，大切なことがあります。それは，自分で理解できる教材を活用することです。

　例えば，「10までの数を数える」ことを学ぼうとした時に，一人一人に応じて様々な教材を使用し，理解できるように努めます。「指」で数えるのか？「おはじき」で数えるのか？「紙に書いて」数えるのか？　**その子が理解できることを最大の目的として教材をオーダーメイドしていきます。**

　自分の得意な教材で理解ができるようになったら，別の教材で学習をすることで知識を一般化することを目指します。Aさんの学習に作った教材をBさんが使用することで，Bさんの学びが深まります。様々な教材や素材に触れて学びを深めていくことで，知識として記憶に残りやすくなります。また，教材は同じサイズのクリアケースに入れて，算数や国語など教科ごとに分けて収納しておくと，すっきり便利です。

※本文で使用している「強み」とは，好きなこと，知っていること，できること，性格の長所，興味関心など，学びに活用できることです。

授業のポイント❸　一人一人が学びやすい空間をデザインする

　特別支援学級の算数の授業では，「友達の学習内容やペースが自分の学習している内容とは違う」といった場面が多々あります。学習内容が違うと，隣の席に座っている子のタイムタイマーの音が気になってしまう，教室前方にある黒板周辺で動きのある学習をしている子が気になってしまう，など集中が続かなくなってしまうことがあります。そのため，消音で光るタイマーを使用することで聴覚刺激を軽減する，個別机に設置できるパーテーションで視覚刺激を軽減するなど，**一人一人が個別目標に向かって集中力を持続し，安心して学ぶことのできる空間をデザインすることが大切**です。

教材アイデア❶ 10までの数を数える

❶こんな子に

・数字を読んだり，書いたりすることでは理解が難しい子。

❷指導のねらい（授業でつけたい力）

「10までの数を数えることができる」

数の概念がわかる，数を数えることができるということは，
数「●」←おはじきが1個など　数詞「いち」　数字「1」
数，数詞，数字の3セットで理解し記憶をする必要があります。

いち，に，さん，し，ご，……と数を唱えることはできるけれど，数字を
書くことが難しいとなれば，数詞と数字を一致させる必要があります。

「●，□，□，□，」は「ご」と答えてしまうのであれば，数と数詞を一致
させる必要があります。

数を数えることが難しい要因は，数，数詞，数字のどの部分なのか確認し
て，アプローチをすることが大切です。

❸指導の流れ

・教師と一緒に10までの数を唱える。
・教師と一緒に指差しをしながら10までの数を数える。
・教師と一緒に教材の使用方法を確認する。
・数が10になるように教材で学習をする。
・教師と一緒に教材を確認する。
・10という数字を書く。
・振り返りを行う。

【画像引用文献】
・いるかどり『特別支援教育　子どもの強みをいかした　オーダーメイド教材200』明治図書

❶こんな子に

- 筆算の仕組みを理解することが難しい子。

❷指導のねらい（授業でつけたい力）

「数の位を理解して筆算をすることができる」

筆算という学習は，とても複雑なことをしています。

どこから計算するの？　　　　　　　　→　計算手順の暗記

どこに書くのかわからなくなった！　　→　視空間認知

あれ？　いまどの数字を計算してた？　→　ワーキングメモリー　など

筆算が難しい背景要因は様々です。どの難しさにアプローチするかによって教材の作成方法が変わってきます。

右ページ上部の百の位までのたし算のワークシートでは，教科書と同じ色を使用して位をカラーにし，数の位を理解できるようにしています。また，横で書く式と縦で書く筆算の答えが同じであることを認識できるように矢印をつけて作成をしました。

右ページ下部の２ケタ×２ケタのかけ算のワークシートでは，手順を忘れてしまっても，その都度確認ができるように，位ごとに計算ができるような手順を書いて３ステップに分けて作成をしました。また，どこに書くのか混乱しないように背景色や罫線を引いています。

❸指導の流れ

- 教師と一緒にワークシートの使用方法について確認をする。
- 自分で計算をして，教師と一緒に答え合わせをする。

※計算問題は，たくさんの量よりも，少ない問題量を正確に計算できるように時間や問題数を設定することが大切です。

百の位までのたし算

なまえ　【　　　　　　　】

①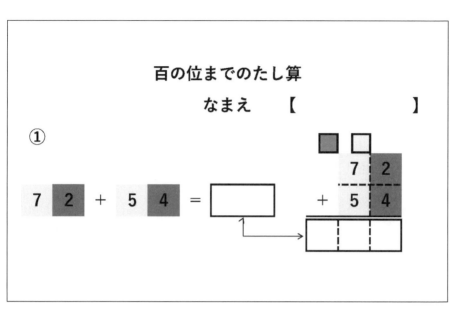

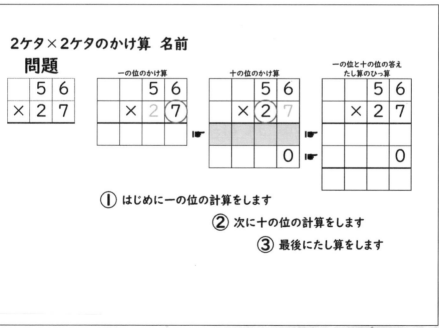

CONTENTS

はじめに　002

第1章
特別支援学級の授業づくり基礎基本

第2章
よりよい授業づくりのためのポイント

第3章
事例で見るよりよい授業づくりのポイント

第4章
自立活動の授業づくりのポイント

第5章
事例で見る授業における自立活動の指導のポイント

第6章
ユニバーサルデザインを考慮した教室環境づくりのポイント

特別支援学級の
授業づくり基礎基本

特別支援学級では，特別の教育課程の編成や交流及び共同学習の進め方，時間割の立て方など，通常の学級とは異なる点が多くあります。

1 特別支援学級の位置付け ―障害種・定数―

（喜多　好一）

特別支援学級の法令上の規定

　特別支援学級の設置に関する法令上の規定は，学校教育法第81条に記されています。以下，概要をまとめた表です。

設置できる校種	小学校，中学校，高等学校，中等教育学校
対象となる障害	**知的障害，肢体不自由，身体虚弱，弱視，難聴**　その他，障害のある者で特別支援学級において教育を行うことが適当なもの

　障害種として正式に規定されているのは五つの障害種となります。**自閉症・情緒障害の特別支援学級**がありますが，それらの障害種は「**その他**」の設置区分に当てはまります。

　なお，疾病により療養中の子供を対象に特別支援学級を設けて教員を派遣する規定も定めています。（院内学級は学校教育法第75条の３の規定された学級で特別支援学級ではありません。）

特別の教育課程を編成できる特例

❶特例について

　小・中学校，義務教育学校等における特別支援学級では，対象となる子供の障害の特性や程度等によって，健常の子供の教育課程をそのまま適用することが必ずしも適当でないことから，**「特別の教育課程」を編成することができる特例**を設けています。

❷「特別の教育課程」の編成に係る基本的な考え方

　小学校学習指導要領第一章総則には，次のように記されています。

- 「障害による学習上又は生活上の困難を克服し自立を図るため，特別支援学校小学部・中学部学習指導要領第7章に示す**自立活動を取り入れること**」。
- 「児童の障害の程度や学級の実態等を考慮の上，各教科の目標や内容を**下学年の教科の目標や内容に替えたり**，各教科を，知的障害者である児童に対する教育を行う**特別支援学校の各教科に替えたり**するなどして，実態に応じた教育課程を編成すること」。

　この二つの記載は，特別支援学級の指導計画を作成する上で，最も踏まえなければならない考え方です。二つを別々に考え指導するものではなく，**分かち難いものとして捉えて指導すべき**ものを意味します。

学級編成に係る規定

　特別支援学級の学級編成については，「公立義務教育諸学校の学級編成及び教職員定数の標準に関する法律」第3条に次のように規定されています。

❶特別支援学級の標準の定数

小学校・中学校等の特別支援学級の一学級に在籍する人数…8名

　各校の特別支援学級の定数については，都道府県教育委員会が定める基準を標準として，学校を設置する地方公共団体の教育委員会において，別途定数を定めています。

❷学級編成と学習集団の関係

　一学級8名の編成の内訳は，同学年で構成されることは少なく，多くは異学年構成となります。同じ障害種であっても障害の程度の違いや実態の違いがあります。そのため，実際の学習集団を編成する際は，子供の発達段階や障害の程度，学習の習熟度等に応じたグループ編成をすることになります。

2 知的障害特別支援学級の子供の特徴

（喜多　好一）

「障害のある子供の教育支援の手引～子供たち一人一人の教育的ニーズを踏まえた学びの充実に向けて～」（文部科学省令和３年６月）には，知的障害の特徴並びに知的障害特別支援学級の子供について次のように記されています。

知的障害とは

一般に，同年齢の子供と比べて，「**認知や言語などにかかわる知的機能**」の発達に遅れが認められ，「**他人との意思の交換，日常生活や社会生活，安全，仕事，余暇利用などについての適応能力**」も不十分であり，特別な支援や配慮が必要な状態とされています。また，その状態は，環境的・社会的条件で変わり得る可能性があると言われています。

知的機能の発達の明らかな遅れについては，内外の精神医学書等では，おおむね**知能指数（又は発達指数）70〜75程度以下**を平均水準としています。

知的障害特別支援学級の対象の子供の特徴

「知的発達の遅滞があり，他人との意思疎通に**軽度の困難**があり日常生活を営むのに**一部援助が必要**で，**社会生活への適応が困難**である程度のもの」（平成25年10月文部科学省通知）

具体的な状態が記されていますので，以下概要です。

・他人との日常生活に使われる言葉を活用しての会話はほぼ可能。

- 抽象的な概念を使った会話などになると，その理解が困難な状態になる。
  例：晴れや雨などの天気の状態についてわかっても，「明日の天気」などのように時間の概念が入ると理解できない。また，比較的短い文章であっても，全体的な内容を理解し短くまとめて話すことなどが困難。
- 家庭生活や学校生活におけるその年齢段階に標準的に求められる食事，衣服の着脱，排せつ，簡単な片付け，身の回りの道具の活用などにほとんど支障がない。

　知的障害特別支援学校対象の子供の状態が「他人との意思疎通が困難で日常生活を営むのに頻繁に援助を必要とする程度のもの」「社会生活への適応が著しく困難なもの」であることと比較して，軽度であることがわかります。

知的障害特別支援学級の学習上の特徴と指導について

　特別支援学校学習指導要領解説**総則編第2部第3章第1節の2(1)**には，知的障害の子供の学習上の特徴について，次のように記されています。

> ①学習で得た知識や技能が断片的なため，実際の生活の場で応用されにくい。
> ②成功経験が少ない等により，主体的に活動に取り組む意欲が育っていない。
> ③実際的な生活経験の不足。
> ④抽象・統合・推論等の思考が苦手。

特徴に応じた指導の工夫

> ①実生活に般化できる学習活動
> ②成功経験，成就感を味わえる活動
> ③実際的で具体的な指導内容
> ④活動の意味理解を促す指導

　学習したことの生活への定着を図るために，実際の生活場面に即しながら，より具体的な思考や判断ができるよう，スモールステップの指導，繰り返しの指導を心掛けることが肝要です。必要な知識や技能等を身に付けられるようにする継続的，段階的な指導が重要となります。

3 自閉症・情緒障害特別支援学級の子供の特徴

(喜多　好一)

「障害のある子供の教育支援の手引～子供たち一人一人の教育的ニーズを踏まえた学びの充実に向けて～」（文部科学省令和3年6月）に，自閉症と情緒障害の特徴と子供の様子について次のように記されています。

自閉症・情緒障害とは

自閉症の特徴である発達の障害には，次の3点があげられます。
①他者との社会的関係の形成の困難さ。
②言葉の発達の遅れ。
③興味や関心が狭く特定のものにこだわること。

これらの特徴は3歳くらいまでに現れることが多いと言われます。

一方，情緒障害とは，周囲の環境から受けるストレスによって生じた**ストレス反応として状況に合わない心身の状態が持続し，それらを自分の意思ではコントロールできないことが継続している**状態を指します。

自閉症・情緒障害特別支援学級の対象の子供の特徴

自閉症・情緒障害特別支援学級の対象の子供の障害の程度は次の2点です。
一　**自閉症**又は**それに類するもの**で，**他人との意思疎通**及び**対人関係の形成が困難**である程度のもの。
二　主として**心理的な要因による選択性かん黙等**があるもので，**社会生活への適応が困難**である程度のもの」（平成25年10月文部科学省通知）。

「選択性かん黙」の対象は，通常の学級での適応が難しく，集団生活への参加や社会的適応のための特別な指導を行う必要がある子供です。

　なお，一つ目の「それに類するもの」は，**「アスペルガー症候群」を含む広汎性発達障害**を指しています。

　具体的な状態が記されていますので，以下，主な概要です。

- その年齢段階に標準的に求められる言語等による意思交換が困難。
- 質問に対してその質問文のまま返す。
- 話の受け答えをしながら継続する能力に明らかな困難さがある。
- 他人と関わって遊ぶなど，自分から他人に働きかけ，集団に適応して活動することが困難。

自閉症・情緒障害特別支援学級の学習上の特徴と配慮事項

　自閉症・情緒障害の子供の学習上の主な特徴は次の通りです。選択性かん黙等とは，原因と対応が大きく異なることから，学習グループの編成を工夫する等して，子供一人一人の障害の状態等に応じた指導の工夫が必要です。

自閉症・情緒障害のある子供の特徴と指導上の配慮事項

自閉症・情緒障害のある子供の特徴
①特定の動作，食物や衣服への固執性
②相手からどのように見られているのか推測△
③整髪や着衣の乱れなど身だしなみを整える△
④自分の体調がわからず，無理をしてしまう
⑤興味のある活動に過度に集中
⑥自分の気持ちを適切な方法で伝えること△
⑦心理的な要因により不登校の状態が続き，運動量が極端に少なくなったり，食欲不振の状態
⑧生活環境などの様々な要因から，心理的に緊張したり不安になったりする状態が継続し，集団に参加することが難しい
⑨不安や緊張が高まった状態になるとチック症状
⑩急な予定の変更などに対応すること△
⑪選択性かん黙
⑫聴覚や触覚の過敏さ
⑬抽象的な表現を理解することが困難

自閉症・情緒障害のある子供への配慮事項
①こだわりを減らす，活かす
②自己の理解と受容を促す
③自分なりの表現の仕方を学ぶ
④心理的な安心感を育む環境，支援
⑤感覚過敏さへの合理的配慮
⑥視覚的，具体的，実施的な指導の工夫

4 特別支援学級の子供のアセスメント

(喜多　好一)

　特別支援学級の多くを占める知的障害，自閉症・情緒障害の障害種ごとにアセスメントをする上で配慮事項に違いがあります。

　以下，概要をあげますが，より的確なアセスメントをするには，担当する教員が，日常生活や学習の様子，エピソード，子供の作品等を記録にしてまとめ，よさや可能性を引き出すとともに，障害の特性に起因する学習上生活上の困難さの改善を図ることが大切です。

知的障害のある子供のアセスメント

❶医学的側面〜障害に関する基礎的な情報の把握
・既往・生育歴，適応行動の困難さ，知的機能の障害の発現時期。

❷心理学的・教育的側面
ア　発達の状態等に関すること
・身辺自立（日常生活習慣行動）　・社会生活能力（ライフスキル）
・社会性（社会ルールの理解，対人スキル等）
・学習技能（着席，姿勢保持）　・運動機能　・意思の伝達能力と手段
イ　本人の障害の状態等に関すること
・学習意欲，学習に対する取組の姿勢や学習内容の習得の状況
・自立への意欲　・対人関係　・身体の動き　・自己の理解
ウ　諸検査等の実施
・行動観察　・知能検査，発達検査の結果

❸幼稚園・保育所等からの情報の把握（就学支援シート等の活用）

- 学校での集団生活に向けた情報・成長過程。

❹療育機関，医療機関からの情報の把握

自閉症・情緒障害のある子供のアセスメント

❶医学的側面～障害に関する基礎的な情報の把握

幼児期の発達状況，併存している障害の有無，服薬治療の有無。

行動問題の状態，身体症状の有無。

❷心理学的・教育的側面

ア　発達の状態等に関すること，生活リズムの形成に関すること

基本的な生活習慣形成，活動に対する状況，集団参加の状況，意思の伝達能力と手段，知能の発達，情緒の安定。

イ　本人の障害の状態等に関すること，感覚や認知の特性

障害による学習上又は生活上の困難を改善するために，工夫し，自分の可能性を生かす能力。

社会性及び集団への参加の状況等。

学習意欲や学習に対する取組の姿勢，意思の伝達の状況等。

＊❸と❹に関しては，知的障害のアセスメント内容を参照。

知能検査結果や発達検査結果の把握

一般的には，次のような検査結果を参考にします。

- 田中ビネー知能検査Ｖ
- ＷＩＳＣ－Ｖ
- ＫＡＢＣ－Ⅱ
- 新版Ｋ式発達検査

5 「個別の教育支援計画」の作成

（喜多　好一）

「個別の支援計画」と「個別の教育支援計画」

　障害のある子供には，学校生活だけでなく家庭生活や地域での生活を含め，長期的な視点で，幼児期から学校卒業後まで系統的に一貫性のある支援を行うことが重要です。そのため，障害のある子供の生涯にわたる継続的な支援体制を整え，**それぞれの年代における望ましい成長を促す**ために「**個別の支援計画**」を作成します。この「個別の支援計画」のうち，幼児期から学校卒業までの子供に対して，教育に関わる関係機関が連携して，長期的な視点で教育的支援を行うために「**個別の教育支援計画**」を作成します。

　個別の教育支援計画の作成主体は学校ですが，医療・保健・福祉機関等，様々な立場で支援目標や内容を記載します。このことで，それぞれの関係機関の役割が明確になり，適切な支援につながります。

個別の教育支援計画の作成義務と様式

　個別の教育支援計画は，個別の指導計画と同様に，特別支援学校，**特別支援学級**と通級による指導の**子供全員については作成する**ことが義務づけられ，効果的に活用することになっています。

　定まった様式はありませんが，**「障害のある子供の教育支援の手引」（令和３年６月文部科学省）**が示した様式例（426ページ参照）や設置者が定めた共通の様式を使用して作成します。

基本的な作成手順

①個々の障害特性や生活上の困難さの把握。

②子供の生育歴，プロフィールの把握。

③本人及び保護者の願いや将来への希望等の確認（合理的配慮の意向含む）。

④学校や家庭での主な様子（好きなこと，得意なこと，苦手なこと）。

⑤関係する機関（※）での支援の目標の確認。

　※**家庭**…保護者，家族，支援者の有無　　**学校**…在籍する学校

　　教育委員会…教育センタ，発達支援センタ等

　　福祉…児童相談所，療育機関　　　　**医療**…病院，主治医，専門医

　　地域…学童保育，放課後等デイサービス，習い事，民間療育機関等

⑥関係する機関による支援内容の確認。　⑦関係する機関の役割の明確化。

⑧支援の実施状況の評価と改善。　⑨進級・進学・転学，転校先への引き継ぎ。

　以上の内容を，関係機関が参加する支援会議等で検討していきます。

活用のポイント

❶保護者との合意形成の必要性

　個別の教育支援計画は，多くの関係者が関与したり，進学先等に引き継いだりするため，保護者の同意を事前に得るこが重要です。

❷個人情報の適切な管理

　個人情報が多く含まれた計画です。紙ベース，データベース，いずれかの管理方法に関わらず，その取り扱いは慎重かつ適切に行うことが必要です。

❸「個別の指導計画」との関連性を常に意識すること

　個別の指導計画は，個別の教育支援計画を踏まえて作成しますので，常に関連性を意識して活用することが大切です。

個別の教育支援計画の参考様式

【支援シート（本年度の具体的な支援内容等）】（記入例）

1. 本人に関する情報

①氏名

（フリガナ）	モンカ　タロウ
文科　太郎	

②学年・組

1年1組

③担当者

担任	通級指導教室担当	特別支援教育 コーディネーター				
○○						

> ○「個別の教育支援計画」は、障害のある子供が生活の中で遭遇する制約や困難を改善・克服するために、本人及び保護者の意向や将来の希望などを踏まえ、在籍校でのみならず、例えば、家庭、医療や福祉機関等と、実際にどのような支援が必要で可能であるか、支援の目標を立て、それぞれ提供する支援の内容を具体的に記述し、支援の内容を整理したり、関連付けたりするなど関係機関の役割を明確にするためのツールです。

> ○ 現在又は将来の生活又は学習に関する希望について、本人や保護者の願いを聴き取り、相談しながら記入します。なお、支援の内容に関する願いは、合理的配慮につながる意思の表明にも当たるので、本人及び保護者と十分確認し、合意形成したものについては 2. ②に明記します。
> ○ 本人や保護者の願いが、いつの時点のものか、分かるように工夫して記入します。

④願い

本人の願い	・本を上手に読めるようになりたい。　（R3.4.30） ・落ち着いた気持ちで、学習に参加したい。　（R3.4.30）
保護者の願い	・音読に自信をもって取り組んでほしい。　（R3.4.30）

> ○ 得意なことや好きなことを把握するのは、支援の内容を検討する際の手掛かりとするためです。
> ○ 記入された情報が、家庭からの情報か、学校の情報か、分かるように工夫して記入します。

⑤主な実態

学校・家庭 でのようす	得意なこと 好きなこと	・習い事（体操）には休まず通っている。　（家庭） ・絵本の読み聞かせが好き。　（家庭） ・友達との関係は良好で、休み時間には一緒に遊んでいる。　（学校）
	苦手なこと	・文字だけの本は読みたがらない。　（家庭） ・音読では、文節を意識しないで読むことが多い。　（学校） ・文章を読んで理解することが苦手である。　（学校） ・音読や文章題の宿題に時間がかかる。　（家庭）

※「苦手なこと」の欄には、学校生活、家庭生活で、特に支障をきたしている状況を記入すること。

> ○ 支援の方向性は、①支援の目標、②合理的配慮を含む支援の内容、③支援の目標に対する関係機関等との連携、の三つの観点で検討します。記載に当たっては、例えば①→②→③の順に検討する場合もあれば、②を整理しながら、①、②を検討することも考えられます。
> ○ なお、前年度の合理的配慮を継続して提供することを合意形成していたり、年度初めに本人及び保護者から支援の内容に関する意思の表明があって合意形成する場合も、その時点での個々の教育ニーズを踏まえたものとなるよう、支援の方向性に対する共通理解を図りながら決定していくことが必要です。

2. 支援の方向性

> ○ 子供に対する支援の目標を長期的な視点から設定します。支援の目標を長期的な視点から設定することは、学校が教育課程の編成の基本的な方針を明らかにする際、全教職員が共通理解をすべき大切な情報となります。
> ○ 支援の目標を踏まえ、関連する各教科等の「個別の指導計画」において、指導の方向性を具体的に示していきます。例えば、国語では、「音読で補助線や文節ごとの区切りをもとに文章を読み進め、内容の大体を捉えることができる。」など、学年の目標や「読むこと」の内容との関連において、障害のある子供一人一人の指導目標、指導内容及び指導方法を明確にして、きめ細かに指導するために作成するものです。

① 支援の目標	・単語や文節を意識しながら音読するような方法を身に付けることができる。

> ○「共生社会の形成に向けたインクルーシブ教育システム構築のための特別支援教育の推進（報告）」の別表（3観点11項目）を参考に記入することも考えられます。その際、プルダウンに必要な「合理的配慮を含む支援の内容」についての観点や項目を選択したりする方法も考えられます。なお、別表（3観点11項目）を参考にする場合、それ以外の内容も考えられるため、プルダウンの選択肢など様式の作成には留意が必要です。
> ○「支援の目標」の達成に必要な支援の内容について、特に本人及び保護者と合意形成した「合理的配慮」が分かるように記入を工夫します。
> ○ 合理的配慮を含む支援の内容は、教科等横断的な視点から各教科等の指導内容や指導方法の工夫を検討する際の情報として「個別の指導計画」に生かしていくことが重要です。

② 合理的配慮を含む支援の内容	
①-1-2	学習内容の変更・調整
	・読む量を減らし、本人の負担にならない程度の量に調整する。
①-2-1	情報・コミュニケーション及び教材の配慮
	・単語や文節のまとまりが分かりやすいように補助線や区切り線を引かせる。
②-1	専門性のある指導体制の整備
	・通級指導教室と連携し、視覚認知能力を高める指導の充実を図る。

※ （上段：青枠）必要な合理的配慮の観点を記入、選択すること。
　（下段：白枠）上段の観点等に沿って合理的配慮を含む支援の内容を個別具体に記入すること。

○教育、家庭、医療や福祉などの関係機関等が一貫した支援を行うため、支援の目標に対し、それぞれが提供する支援の内容を具体的に記述し、支援の内容を整理したり、関連付けたりするなど関係機関等の役割を明確にします。

③ 支援の目標に対する関係機関等との連携	関係機関名	支援の内容
	□□病院作業療法（担当＊＊ＯＴ：月2回）	ビジョンセラピー（眼だけで追視する訓練）
	放課後等デイサービス（担当＊＊指導員：月～金放課後）	読書（合理的配慮①-2-1）

3．評価

○①支援の目標の評価、②合理的配慮を含む支援の内容の評価は、4．引継ぎ事項の根拠となるものです。

① 支援の目標の評価	・音読の前に、自分から補助線や区切り線を引き、それらを手がかりに音読に自信をつけている。 ・学校の取組を保護者に伝え、家庭でも同様の方法で音読することを認めてもらうことで、保護者の称賛もあり、自信につながっている。（R4.3.1）
② 合理的配慮を含む支援の内容の評価	【①-1-2】は、引き続き、同様の合理的配慮が必要である。 【①-1-2】は、本人に定着し、音読課題は見られず、合理的配慮としては必要なくなった。 【②-1】は、引き続き、学年が上がり、複雑な画数による新出漢字への対応から、通級指導教室と連携した指導は必要である。（R4.3.1）

※年度途中に評価する場合も有り得るので、その都度、評価の年月日と結果を記入すること。

○合理的配慮の決定後も、一人一人の発達の程度、適応の状況等を勘案しながら、合理的配慮を柔軟に見直しができることを共通理解とすることが重要です。なお、柔軟に見直す視点は、教育的な支援の内容についても同様です。
○定期的に「個別の教育支援計画」に基づく教育相談や関係者による支援会議等を行う中で、必要に応じて合理的配慮を含む支援の内容について見直す際は、十分な教育が受けられるために提供できているかという観点から評価することが大切となります。

4．引継ぎ事項（進級、進学、転校）

○次年度に引継ぎ事項を示すことで、担任や学校等が変わっても必要な支援について、切れ目なく確実に引き継がれることになります。

① 本人の願い	・落ち着いた気持ちで、学習活動に参加したい。
② 保護者の願い	・物事に最後まで取り組んでほしい。 ・通級指導教室は継続して利用したい。
③ 支援の目標	・漢字に関しては、2年生においても同様の支援目標が必要である。 ・本人・保護者の願いにもあるが、長い時間集中することが苦手であるため、2年生における支援の目標としたい。
④ 合理的配慮を含む支援の内容	①-1-2、②-1は、引き続き、必要であると思われる。
⑤ 支援の目標に対する関係機関等との連携	・ビジョンセラピーについては引き続き取り組みを続ける必要がある。 ・学校における合理的配慮と連携して取り組みを進める必要がある。

5．備考（特に配慮すべき点など）

○⑤については、関係機関の評価を聞き取ったうえで、記入します。

・保護者は、新しい生活と学習への適応状況について強い不安を抱きやすいので、学校での様子は、定期的に連絡し、伝えるようにする。

○上記の項目以外で必要な事項（支援する者が特に配慮すべき点など）があれば、ここに記入します。
○プロフィールシート同様、極力共通して記載する様式は簡素にし、書ききれない内容で、付記すべきと考える内容は、備考を活用します。

6．確認欄

このシートの情報を支援関係者と共有することに同意します。
　　　年　　月　　日
　保護者氏名

このシートの情報を進学先等に引き継ぐことに同意します。
　　　年　　月　　日
　保護者氏名

○このほか、保護者の同意などについて、確認した旨を明記するなどの項目を設けることが考えられますが、地域の実情や、電子化等への対応などを踏まえ、柔軟に検討いただくことが重要です。

6 「個別の指導計画」の作成

（喜多　好一）

　個別の指導計画とは，小・中学校学習指導要領解説総則編に次のように記載されています。

- 個々の児童生徒の実態に応じて適切な指導を行うために**学校で作成される**もの。
- 個別の指導計画は，教育課程を具体化し，**障害のある児童生徒など一人一人の指導目標，指導内容及び指導方法を明確**にして，きめ細やかに指導するために作成するもの。

　押さえておきたいことは，**作成する主体が学校である**ことです。このことは，学校が作成する各教科領域等の年間指導計画等と同等の位置付けの計画であることを意味します。

「個別の指導計画」の作成義務と様式

　小・中学校学習指導要領において，特別支援学級と通級指導教室では全ての子供に作成することになりました。（通常の学級に在籍し，通級による指導を受けていない障害のある子供は，努力義務です。）

　現在，個別の指導計画は，全国95％以上の特別支援学級において作成されていますが，定まった様式はありません。文部科学省の様式例や設置者が定めた共通の様式を使用して作成していくことになります。

基本的な作成手順

個別の指導計画の作成は，次のような手順で行います。

> ①個々の実態把握
> ・個々の障害特性，興味・関心，生活環境，本人や保護者の教育的ニーズ等の把握
> ②実態把握に基づいて得られた指導すべき課題の設定
> ③個々の実態に即した指導目標の設定
> ・年間の長期的な指導目標，学期や単元等の短期的目標の設定
> ④指導内容，指導方法の設定
> ・小・中学校学習指導要領並びに特別支援学校学習指導要領から個々の指導目標を達成するための指導内容，手立てを設定
> ・教科別の指導，領域別の指導，各教科等を合わせた指導等の選択
> ⑤指導記録と評価・修正
> ・指導目標に基づいた指導実践の記録の蓄積
> ・学習評価を行いながら修正

活用のポイント

❶自立活動の指導計画としての位置付け

特別支援学校学習指導要領自立活動編では，個別の指導計画が自立活動と関連付けて記されています。いわゆる「流れ図」と言われている手順です。この手順を十分に読み込んで，反映できると計画の精度が高まります。

❷常に評価と修正を行うこと

個別の指導計画を作成することに労力を割いてしまい，指導後の評価，見直しが十分にできないケースがあります。年間を通して，**PDCA サイクルを意識して計画的に修正を図る**ことが重要です。

❸横と縦の連携に有効活用すること

個別の教育支援計画と同様に保護者とできるだけ共有して般化を図ること

や進級，進学の際の引き継ぎツールとして活用しましょう。

特別支援学級の個別の指導計画の様式例（文部科学省作成）

一学期用

氏名	年　　組		担任名	
気付き	担任より			
	保護者より			
	生徒より			
緊急な課題	現状と課題		具体的な対応・支援策	
	状況		担任	
	背景		学級	
	解釈		家庭	
			その他	
教科での課題・部活・その他	教科学習の状況（困難の順位をつける）		具体的な対応，補助，配慮，支援策	
	国語			
	数学			
	英語			
	その他の教科			
	その他（部活）			
生活・人間関係	現状と課題		具体的な支援内容	
家庭	現状と課題		具体的な支援内容	

前ページの様式は，中学校対象ですが，学期ごとに記載する様式です。全体を把握できる個別の指導計画が実現していく上で，学期に分けて計画を細分化するのもよい方法です。さらに単元ごとの計画に落とし込むのもよいでしょう。（参考：https://www.mext.go.jp/a_menu/shotou/tokubetu/material/1298214.htm）

平成　　　年度

対象児童生徒	年　　　組 (名前)		記載日	年　月　日〜 年　月　日	記載者 (全員)	

	単元名	本児の目標	目標設定理由 (本児の実態)	目標についての評価		具体的な手立て	手立てへの評価
教科全体					教科全体		
国語					国語		
算数数学					算数数学		
他の教科					他の教科		
生活行動面					生活行動面		
家庭					家庭		

7 「特別の教育課程」の編成方法

(喜多　好一)

「特別の教育課程」の編成の基本的な考え方

小学校学習指導要領第1章の総則には，次のように示されています。

> ㋐障害による学習上又は生活上の困難を克服し自立を図るため，特別支援学校小学部・中学部学習指導要領第7章に示す**自立活動を取り入れること**。
>
> ㋑児童の障害の程度や学級の実態等を考慮の上，各教科の目標や内容を**下学年の教科の目標や内容に替え**たり，各教科を，**知的障害者**である児童に対する教育を行う**特別支援学校の各教科に替え**たりするなどして，実態に応じた教育課程を編成すること。

「自立活動を取り入れる」ことについて

自立活動とは，「個々の児童生徒が自立を目指し，**障害による学習上又は生活上の困難を主体的に改善・克服**するために必要な知識，技能，態度及び習慣を養い，もって心身の調和的発達の基盤を培う。」ことをねらいとしています。特別支援教育が目指す姿が，「障害のある児童生徒等の自立や社会参加に向けた主体的な取組を支援するという視点に立ち，児童生徒等一人一人の教育的ニーズを把握し，その持てる力を高め，生活や学習上の困難を改善又は克服するため，適切な指導及び必要な支援を行う教育」であることからも，自立活動がその教育を具現化するための核であることがわかります。

特別支援学級において，「自立活動を取り入れること」とは，次のことを意味します。

①「自立活動の時間における指導」として授業時間に特設して指導する。

②教育活動全般の中で自立活動の内容を取り入れて指導する。

　この指導形態は，道徳科として道徳の時間を週1単位時間設けて指導することを扇の要として位置付けながら，全教育活動を通じて道徳教育を実施する形態と同じです。自立活動の内容は，「健康の保持」「心理的な安定」「人間関係の形成」「環境の把握」「身体の動き」及び「コミュニケーション」の6区分の下に27項目を設けていますが，各教科等のようにその全てを取り扱うものではなく，**必要な項目を選定**して取り扱います。

自立活動の計画としての「個別の指導計画」の作成

　「個別の指導計画」の作成手順例が学習指導要領総則に記されています。

a	個々の子供の実態の的確な把握
b	実態把握に基づいて得られた指導すべき課題等の整理
c	個々の実態に即した指導目標の設定
d	自立活動の区分と項目の選定
e	選定した項目を相互に関連付けて具体的な指導内容の設定

各教科の目標設定に至る手続きについて

　「下学年の教科の目標や内容に替えたり」「特別支援学校の各教科に替えたり」することについては，次の手続きを参考にするとよいでしょう。

ア　当該学年の各教科の目標及び内容を取り扱うことの検討

イ　当該学年より前学年の各教科の目標及び内容を取り扱うことの検討

ウ　アとイの学習が困難又は不可能な場合は，知的障害特別支援学校小学部の各教科の目標及び内容について取り扱うことを検討

　在学期間に提供すべき教育内容を十分見極めながら，各教科の目標及び内容の系統性を踏まえ，教育課程を編成することになります。

8 知的障害特別支援学級の「特別の教育課程」と編成例

(喜多 好一)

知的障害特別支援学級における「特別の教育課程」の編成例

小中学校の教育課程の編成と大きく違う点は，次の五つです。

①各教科の内容は，**下学年や特別支援学校（知的障害）の各教科の目標及び内容に替えることができる。**
②自立活動の指導を取り入れる。
③**1単位時間など授業時数の扱いが弾力的に取り扱える。**
④各教科等を合わせた授業，各教科や領域を合わせた指導ができる。
⑤検定教科書の他に適切な教科用図書などを使用できる。

各教科等を合わせた指導について

特別の教育課程を編成した場合，各教科等を合わせて指導することができます。このことを「各教科等を合わせた指導」といいます。特に知的な発達が未分化な場合，各教科の内容や目標を教科別に指導するよりも，生活に結びついた実際的で具体的な活動を通して，日々の生活の質が高まるように指導することが効果的です。具体的には，「日常生活の指導」「生活単元学習」「作業学習」「遊びの指導」があります。これらの学習を補完する教科指導を「教科別の指導」と呼びます。

「特別の教育課程」の編成例

特別支援学級は設置された学校の教育課程を踏まえながら，学級独自の教育課程を作成し，自治体に提出します。書式は，自治体によって定められていますが，共通した内容に**「特別支援学級の教育目標」「教育目標を達成するための指導の重点」**などがあります。以下，記載例を紹介します。

1　特別支援学級の教育目標　（◎今年度の重点目標）
　学校の教育目標を踏まえながら，特別支援学級に在籍する児童が将来，社会的自立を図れるようにするために，次の児童像を設定した。
◎自分のことは自分でできる子
　基本的生活習慣を身に付けて自立して生活できるとともに，学習した内容を日常の生活の中で実践的に活用できる児童
○友達と進んで関わり，仲良くする子
　自分と友達のよさを知り，互いを大切にして生活できる児童
○明るく元気な子
　自分の健康に関心をもち，進んで運動をする児童

2　学級の教育目標を達成するための基本方針
◎自分のことは自分でできる子（抜粋）
• 基本的生活習慣である衣服の着脱，食事のマナー，清潔な身なり，規範の遵守等を重視して指導する。
• 学習によって得た知識や技能を実際の生活場面で般化できるようにするため，学校や家庭での生活を想定した学習活動を計画する。
○友達と進んで関わり，仲良くする子
• 満足感，所属感の味わえる学級経営を図るために，支持的な風土が醸成された温かい学級づくりを目指す。
○明るく元気な子
• 発達段階や個人の障害の状況に応じ，体育や遊びの指導を計画的に行い，体を動かすことの楽しさを体験しながら，調整力・持久力を養い健康の増進や体力の向上を図る。
• 家庭と連携して運動習慣が身に付くよう体力づくりに取り組むとともに，健康教育と食育の取組を推進する。

---

9 各教科等の 年間指導計画の立て方

(喜多　好一)

特別支援学級の教育課程を踏まえて作成すること

　通常の学級における各教科等の年間指導計画は，学校の実態を踏まえて編成された教育課程の達成を目指して作成される計画です。特別支援学級の各教科等の年間指導計画を作成する際も，**特別支援学級の教育課程の達成を目指して作成**していきます。ただし，特別支援学級の場合は，各教科，特別活動，総合的な学習の時間に加えて，自立活動並びに各教科等を合わせた指導の計画が必要となります。さらには，特別支援学級独自の行事と関連した指導もしますので，行事の記載も必要となります。また，通常の学級との交流及び共同学習も実施しますので，その計画も加えます。

個別の指導計画と各教科等の年間指導計画との関連

　各教科等の年間指導計画は，あくまで特別支援学級全体の計画ですので，個々の各教科等の実態から指導目標や内容が記載されている**個別の指導計画を取り入れて個別最適な学びを進めていく**必要があります。

各教科等の年間指導計画作成のポイント

①在籍する子供たちの障害の状態や発達段階，特性を十分に把握し，実態に応じた計画を立てる。
②学校や学年，特別支援学級の行事等を考慮し計画を立てる。

③指導方法や指導形態等を考えながら計画を立てる。

※特別支援学級は，異学年の子供で構成されていることもありますので，実態に応じてグループ編成による指導を想定しておくことが重要です。

④「教科別・領域別の指導」と「各教科等を合わせた指導」のバランスを考え，関連を図りながら計画を立てる。

⑤教科・領域ごとの系統性や順序性を考えて計画を立てる。

年間指導計画を踏まえたその他の計画の作成

　各教科等の年間指導計画を元にして，**教科等ごとに学期ごと，月ごとの指導計画**に落とし込むことが大切です。そこからさらに**単元ごとの計画**にします。これらの計画が，**週ごとの指導計画**（週案）作成時の根拠資料となります。

年間指導計画を作成する際の留意事項

①望ましい社会参加を目指し，日常生活や社会生活に生きて働く知識及び技能，習慣や学びに向かう力が身に付くよう計画する。

②生活の課題に沿った多様な生活経験を通して，日々の生活の質が高まるとともに，よりよく生活を工夫しようとする意欲を促す計画にする。

③自発的な活動を大切にし，主体的な活動を促すようにしながら，課題を解決しようとする思考力，判断力，表現力等を育むよう計画する。

④生活に結びついた具体的な活動を学習活動の中心に据え，実際的な計画にするとともに，できる限り子供の成功経験を豊富にする。

⑤子供の興味や関心，得意な面に着目し，教材・教具等を工夫するとともに，目的が達成しやすいように，段階的な指導ができる計画にする。

⑥一人一人が集団において役割が得られるよう工夫するとともに，充実感や達成感，自己肯定感が得られるようにする。

⑦一人一人の発達の側面に着目し，意欲や意思，情緒の不安定さなどの課題に応じるとともに，生活年齢に即した指導計画にする。

令和〇〇年度　〇〇学級　各教科等の年間指導計画　〇〇小学校

	4月	5月	6月	7月	8・9月
学校行事	始業式・入学式 保護者会 交通安全教室 家庭訪問	田植え遠足 離任式 自転車安全教室(3) 引き渡し訓練(防) 生活科見学(1)	運動会 学校公開 区内巡り(3) 体力テスト 水泳指導始め セーフティ教室(6) 夢の島宿泊学習(3・4) 遠足(6) 音楽鑑賞教室(5)	学習面談 日光移動教室(6) 社会科見学(4) 夏季水泳指導	プール納め 水泳記録会(6) 引き渡し訓練(防) 稲刈り遠足(5) 着衣泳(3・5) 保護者会 遠足(3)
学級活動	入学・進級おめでとう(人) クラスのめあて 前期のめあてと係	せいかつのきまり(防) あそびのきまり	雨の日の過ごしかた 水泳のめあて	誕生日会の計画と準備 誕生日会(人) 夏休みの過ごし方(防)	夏休みの思い出 自分の身は自分で守る(防) 運動会のめあて
国語	【話す、聞く】　自分の考えや思いを言葉で表現する。聞いて内容がわかる。物事を順序立てて話す。伝言など。 【読む、書く】　正確に読んだり書いたりする。内容の読み取り、作文、音読、本に親しむ、書写(毛・硬筆)、言語、ひらがな・カタカナ・漢字。 作文「〇年生になって」 前期の目標を発表しよう・書 こう。 お話発表「お休みのこと」	作文「田植え⑤」 「生活科見学①」	作文「運動会」 「区内巡り③」 「夢の島宿泊学習③④」 「遠足⑥」	作文「日光移動教室⑤⑥」 「社会科見学④」 誕生日カードを書こう(人) きっぷばさみのうた─	作文「水泳記録会⑥」 「稲刈り⑤」 「遠足③」
算数	1対1対応・大小・順序・位置・数と計算・時刻・時間・お金・長さ・重さ・かさ・形・図形など　　☆「個別の教育支援計画」「個別指導計画」に基づき、				
音楽	1年を通して 　　季節の歌　みんなで踊ろう　手遊び　リズム打ち　楽器　鍵盤ハーモニカ　リコーダー　(実態に応じて)　　　合唱　合奏　鑑賞				
図画工作	誕生列車 私の好きなもの 「自己紹介をしよう」 鯉のぼりを作ろう	消防写生会(防) デザイン画「クレヨンを使って」 折り紙を折って切る「不思議な模様を作ろう」 水彩絵の具の指導		季節の飾りを作ろう 「七夕かざり」 粘土で好きなものを作ろう	粘土で絵を作ろう 和紙ランプシェイド(はりこの
体育	集合・整列・体育座り・体操の隊形 走の運動(かけっこ・持久走・リレー) 体つくり運動・固定遊具 縄跳び(短縄・長縄) 運動会練習───────────────→マット運動 体力テストの運動 (20Mシャトルラン・反復横跳び・上体起こし・長座体前屈・握力等)			水泳指導(防)───	連合運動会の練習─── ───────────────→
道徳	あいさつ(人) じゅぎょうがはじまります(防) もったいない・給食の話	トイレのはなし(人) かぜについて おてつだい	うんこのはなし かさのはなし(人) いなりやまのかんたろう(人)	手洗い・うがいのしかた バムのおかたづけ みんなでつかうよ(人)	くりのみ ごろん　ごろごろ およげないりすくん(人)
総合	交流学習(防)　宿泊学習(防)　副籍交流(人)　地域学習・交流(防) パソコン学習「名刺作り(防)　複写(歌集を作ろう)　招待状　お手紙　絵を入れてみよう　学習ソフトを使ったクイズ　調べ学習　文字パレット				
生活単元学習 栽培・観察 ものづくり 調理(人) 理科・社会 校外学習(人) 買い物学習 連合行事・宿泊	畑作り ホットケーキを作ろう 春を探そう(防)	種まき・苗植え 木場公園へいこう(防) ・サツマイモの苗を植えよう ・よもぎ摘み グリーンピースのさやむき 夢の島宿泊事前学習(防)	畑の観察 シソジュースを作ろう 木場公園へ行こう(防) ・サツマイモの雑草をぬこう・水遣り ・ザリガニの観察 そら豆のさやむき 買い物をしよう(防) 夢の島宿泊事前学習 ・報告会 日光移動教室事前学習(防)	野菜の収穫 簡単ゼリーを作ろう トウモロコシの皮むき 買い物をしよう(防) 日光移動教室事前学習(防) ・報告会	野菜の収穫 餃子の皮ピザを作ろう 空気の学習───
英語活動	───				
自立活動	『身体の動き』　作業に必要な動作や円滑な遂行/ボディイメージ　───　防災頭巾の出し入れ　壁面飾りつけ　はさみ・のりの使用　けん玉　ビーズ 　　　　　　　　基礎的能力　───　視覚トレーニング　聴覚トレーニング 『コミュニケーション』　言語の受容と表出　───　見たこと聞いたことを伝えよう・マイコミュニケーション度・自分の考えを話そう・自己理解 　　　　　　　　言語の形成と活用　───　気持ちを表す表情と動作や身振りに出る気持ち・言葉にかくされた本当の気持ち 　　　　　　　　状況に応じたコミュニケーション　───　相手の立場・怒りをコントロールしよう・不安をコントロールしよう				
日常生活の指導(人)	①荷物整理「鞄や袋の整頓　ファイルやプリントの整理　衣服の着脱や整理」②朝の会「挨拶　返事　集団参加」(人) ③日課表「日付や一日の予定を知る　見通しを持つ　時間割を書く　ファイルに整理する」④係の仕事「係の内容を知る　係のや ⑤身だしなみ　他「歯磨き　鼻かみ　ぶくぶくうがい　がらがらうがい　手洗い　食事のマナー　給食の準備　掃除の仕方　廊下の歩行(防)　避難時 ⑥「もとかがっこのお約束「こうとうくぎょう方スタンダード」も参考にして進める。				
遊びの指導(人) 主に集団参加(へ)の基礎を学ぶ	ハンカチ落とし だるまさんがころんだ	ハべえさんと十べいさん ジンギスカン もうじゅうがり	もうじゅうがり 貨物列車 アブラハム	タタロチカ キャンプだホイ	おちゃらかほい かごめかごめ かくれんぼ ひらいたひらいた

【評価計画】個別の教育支援計画と個別指導計画に基づき、一人一人の児童の達成状況を学期ごとに見直す。

10月	11月	12月	1月	2月	3月
前期終業式 後期始業式 特別支援学級連合運動会 小学校連合運動会（6） 学校公開 生活科見学（2） 道徳授業地区公開講座	学校公開 遠足（1） 遠足（4） 遠足（2） 特支中学合同学芸会鑑賞	学芸会 保護者会 個人面談	席書会 社会科見学（6） 特支連合展覧会 学校公開 社会科見学（5）	お別れ遠足会 新1年保護者会 6年生を送る会 卒業・進級おめでとう会 保護者会	卒業を祝う会 修了式 卒業式
前期を振り返って 後期のめあてと係 特別支援学級連合運動会のめあて 小学校連合運動会のめあて（6）	誕生日会の計画と準備 誕生日会（人）	冬休みの過ごし方（防）	新年のめあて 誕生日会の計画と準備 誕生日会（人）	お別れ遠足に向けて（人）（防） 卒業・進級おめでとう会計画・準備（人） 6年生を送る会（人）	1年を振り返って

☆「個別の教育支援計画」「個別指導計画に基づき、児童の発達段階に応じて物語文、説明文、詩などを取り入れて進める。

作文「仲よし連合運動会」 「連合運動会⑥」	作文「遠足①」 「遠足④」 「遠足②」 「展覧会を鑑賞して⑥」 誕生日カードを書こう（人）	作文「展覧会」	作文「冬休みのこと」 「社会科見学⑥」 「社会科見学⑤」 「私のお気に入り」 誕生日カードを書こう（人）	作文「お別れ遠足」（人） 6年生にお祝いの言葉を送ろう（人） 在校生にメッセージを書こう（人）	作文「1年間の思い出」→

児童の発達段階に応じて進める。

技法を使って）		「冬景色」ひっかき絵 画用紙で編み込み模様	貼り絵に挑戦「冬の花」	デザイン画 「ぼく・わたしの手袋」	壁面飾りを作ろう（人）→
					→
					→
					→
跳び箱 （転がし）ドッジボール（人）→		→アタックバレーボール（人）→	サッカー（人）→		→
きいろいベンチ くらしをまもってくれるひと（防） くまくんのたからもの（人）	はしのうえのおおかみ（人） ふわふわことばちくちくことば（人） いろいろなきもち（人）	にわのことり（人） かぼちゃのつる	いただきます きんいろのクレヨン ことばづかい	あかちゃんがうまれるよ 6年生ありがとう おおきくなったぼく・わたし①（人）	教室さんありがとう（大そうじの仕方） おおきくなったぼく・わたし②（人）

使ってのひらがな入力練習　マウス・キーボード練習（人）

秋の種まき 藍染めをしよう		ケーキを作ろう	ヒヤシンス水栽培・土栽培を比較してみよう アイスクリームを作ろう	簡単肉まんを作ろう 観察・まとめ	
木場公園へ行こう（防） ・サツマイモの収穫 ・サツマイモを使った料理 秋を探そう（防）	深川江戸資料館に行こう（防）			広告小学校（CM作り）→	→
	重さの学習→		→ お別れ遠足事前学習 ポスターお届け大作戦（防） 電気の学習	冬を探しに行こう（木場公園）（防）	
思い出アルバム作り→					→
					→

ひも結び　刺繍　編み物　ボタンの取り外し　新聞紙を使って　バランスウォーキング　体幹エクササイズ

り方に見通しを持つ　係の報告をする」
の姿勢（防）　登下校の約束（防）」

ロンドン橋	トランプ　ウノ かるた　すごろく	お正月遊び 羽根つき 坊主めくり	凧揚げ はないちもんめ	伝承遊び お手玉　剣玉 こま回し あぶくたった	かくれんぼ だるまさんが転んだ

（人）人権教育に関わるもの　　（防）防災教育に関わるもの

10 交流及び共同学習の進め方

(喜多 好一)

特別支援学級における交流及び共同学習の考え方

特別支援学級の子供にとって，同学年の友達と共に活動することで社会性がより育まれます。通常の学級の子供に対しては，障害者理解教育を推進する機会となります。近年，共生社会の実現を目指し，インクルーシブ教育システムを構築する上でも交流及び共同学習の役割が大きくなっていますので，**全ての特別支援学級において確実に実施**することが求められています。

交流及び共同学習の授業時数について

文部科学省は，令和4年4月「特別支援学級及び通級による指導の適切な運用について」（通知）に，「交流及び共同学習には，**相互の触れ合いを通じて豊かな人間性を育むことを目的とする「交流」の側面**と，**教科等のねらいの達成を目的とする「共同学習」の側面**があり，この二つの側面は分かちがたいものとして捉えて推進していく必要がある」とあります。

しかしながら，令和3年度に全国の交流及び共同学習の実施状況を調査したところ，指導体制を整えないまま，特別支援学級の子供が一日の大半の時間を通常の学級で過ごしている実態が明らかになりました。

そのことを踏まえて，「特別支援学級に在籍している児童生徒に関しては，**原則として週の授業時数の半分以上を目安に特別支援学級において，児童生徒の一人一人の障害の状態や特性及び心身の発達の段階等に応じた授業を行うこと**」とし，交流及び共同学習の週の授業時数を半分以下に設定すること

になりました。

交流及び共同学習の計画の作成・内容例

❶個別の指導計画を踏まえた計画の作成

　障害のある子供の自立社会参加を見据え，一人一人の教育的ニーズに最も的確に応える指導を提供できることが重要ですので，**個別の指導計画に基づいて，個々の交流及び共同学習の計画を立てる**ことが大切です。画一的，機械的に計画を継続してしまうことがないようにします。

❷組織的な計画の作成と推進

　特別支援学級教員が主となって交流及び共同学習の計画を立てることになりますが，校内の教職員，特に通常の学級担任の理解を得ることが重要です。**学校全体の指導計画として，組織的に作成し提案をする**ことが大切です。

❸交流及び共同学習の内容例

- 交流学級で音楽，図画工作，体育，生活科などの教科交流を行う。
- 交流学級の朝の会と給食に毎日参加する。
- 遠足や運動会，学習発表会の行事は，学年の友達と一緒に参加する。
- 特別支援学級の生活単元学習の取組を交流学級に紹介する。

実施上の配慮事項

- 担任や関係者との事前の打合せや事後の振り返りを行うこと。
- 通常の学級の子供たちや地域の人たちに対しては，障害についての正しい知識や適切な支援，協力の仕方について理解を促すこと。
- 交流学級においてユニバーサルデザインの考え方に基づいた教室環境，授業展開，指示や説明等を心掛けること。

11 行事や学習への配慮

(喜多 好一)

特別支援学級の子供が参加する行事

　特別支援学級の子供が関わる行事は，通常の学級の子供と比較して，多くあります。主な行事は，次の通りです。

①特別支援学級独自の行事…遠足などの校外学習，宿泊学習など

②学校全体に関わる行事…運動会，音楽会，展覧会，学習発表会など

③交流学年の行事…遠足，社会科見学，地域校外学習，宿泊学習など

④交流学級の行事…お楽しみ会，お誕生日会など

⑤地域の特別支援学級との交流行事…特別支援学級が連合で行う行事（展覧会，宿泊学習など），小中学校特別支援学級の連合行事（交流会など）

　行事の種類は地域によって差がありますが多いことには変わりありません。**行事への参加**については，前例踏襲でこれまで通りの参加を決定するのではなく，常に**個別の指導計画を踏まえて，参加の有無，参加の仕方の見直しが**必要です。くれぐれも子供にとって過度の負担にならないようにしましょう。

行事に参加する際の配慮

　日常の学級での生活とは違う雰囲気の中で行われる行事ですので，参加するに当たり，**安心できるよう事前学習を丁寧に**行います。特に活動の流れを示し，見通しがもてる指導をすることが重要です。活動している写真や動画等を視聴し，内容の理解を促すとともに参加意欲を高めることです。

　また，行事に参加する上での**個々のめあての設定**をし，行事後の振り返り

に活かします。予定の変更を受け入れられずに気持ちが動揺する子供も多いことから，日々予定を事前に示すことも心掛けます。

学習への配慮事項

　特別支援学級の教員に求められる授業力として，異学年集団であったり，習熟度が同じでも障害の程度や特性が違っていたりするなど，個々の教育的ニーズが違う集団指導ができる力量が求められます。

　個々の授業のねらいは，個別の指導計画を踏まえて設定し，その達成を目指すことです。ただし，小中学校に設置された学級ですので，小中学校学習指導要領を踏まえ，子供の主体的，対話的で深い学びを促す授業改善を図り，展開していくことが重要です。以下に示す**基本的な授業の流れ（例）と配慮事項**を参考にしてください。

---

①導入
- 前時あるいは既習内容を確認する（見方，考え方を活かす）。
- 知的好奇心を高める問題や課題を提示する。

②展開
- 単元全体のめあての確認をする（板書等）。
- **一人一人の子供の本時における重点とするめあてを確認する。**
  - …めあては，子供が決めたり，選択したりして決定する。
  - …名前カードや写真カードにめあてを板書する。
- 具体的な学習活動を説明する（端的かつ視覚的に）。
  - …構造的かつ視覚的に手順がわかる板書をする。
- 自分で問題等の解決に向けて考えを記す。
- 友達と互いの考えを交流しながら解決に向けた活動を行う。
- 学習の成果を発表する（ICT 機器の活用）。

③学習のまとめ・振り返り
- **個々のめあての達成度について振り返りをする。**
  - …友達相互の相互評価，（複数）教師による評価も行う。
- 学習感想を記す。

---

12 時間割の立て方と実例

（喜多　好一）

時間割（週時程表）の作成

　時間割は，教育課程に届けた各教科等の授業時数に基づいて，週の授業時間と指導の形態ごとの時数，学校や学年の週時程や特別教室の使用割当，交流及び共同学習の時数を考慮しながら作成します。作成に当たっては，校内の施設利用，交流学級との時間割調整など，学校全体の計画に関わることから，**教務主任や交流する学年主任と共に作成**することになります。

　特別支援学級の授業は，指導内容のまとまりや学習活動の内容等を子供の実態や学校の実情に合わせることが大切ですので，**柔軟かつ弾力的に編成**することを心掛けましょう。

時間割の作成手順例

①学級全員で取り組める授業の選定：音楽科や図画工作科の授業，日常生活の指導や生活単元学習，作業学習等の中で全員が参加できる授業を選定し，週当たりの時数を決める。

②年間標準授業時数を勘案しながら，各教科等を合わせた指導，教科等の時数を計算し，週当たりの時数を決める。

③自立活動の時間を設定する際は，週当たりの時数を決める。

④交流及び共同学習の計画に基づいて，特別支援学級と交流学級の時間割案を調整しながら，お互いの学級の各教科等の時間を設定する。

作成の際のポイント

- 特別教室の割当など学校全体の大枠の週時程を調整する段階から，特別支援学級の時間割を考慮してもらえるようにする。
- 日常生活の指導など継続性のある活動は，毎日同じ時間に設定できるように帯状に割り当てる。
- 生活単元学習や作業学習は，学習内容や活動量が多いため，2時間続きで設定することを検討する。
- 生活単元学習や自立活動の時間などの名称は，子供にとって親しみやすく，内容がイメージしやすい名前を工夫する。

時間割の例

知的障害特別支援学級の時間割編成の例

〈小学校第1学年・第3学年〉

		月	火	水	木	金
朝の会		日常生活の指導（朝の会で15分）				
1		国語	国語	国語	国語	算数
		国語	国語	国語	国語	算数
2		算数	算数	算数	算数	国語
		算数	算数	算数	算数	★体育
3		生活	生活単元	★☆図工	生活	生活
		外国語活動	生活単元	★音楽	★図工	社会
4		★音楽	生活単元	★☆図工	自立活動	道徳
		★体育	生活単元	★体育	★図工	理科
5		学活	★体育	書写	★音楽	★体育
		理科	社会	理科	★☆総合	★☆総合
6			道徳	社会	★学活	自立活動

上段：第1学年　　下段：第3学年

★交流学級で学習する時間

☆交流学級の授業に特別支援学級の担任がサポートに入る時間

茨城県教育研修センター『特別支援学級スタート応援ブック（学級経営編）』より

13 教科書の選定

（喜多　好一）

特別支援学級の教科書

　特別支援学級における教科用図書は，学校教育法附則第９条に基づいて，在籍する子供の学習状況，教育課程の編成の基本的な考え方等によって，次の三つから選定することができます。

①**検定教科書**…文部科学大臣の検定を経た教科用図書

②文部科学省**著作教科書**…文部科学省が著作の名義を有する教科用図書

③市販の**一般図書**…学校教育法附則第９条に規定する教科書

具体的な選定例と使用の仕方

❶小中学校学習指導要領に準じて使用するケース

　該当学年に相当する検定教科書を使用します。交流する学級での共同学習で使用することが多いですが，特別支援学級で使用する際は，教科書の内容を全て扱うのではなく，指導内容を抜粋したり，内容を補足したりしながら使用をします。

❷特別支援学級の授業で使用するケース

　特別の教育課程編成に基づいて使用する際は，次の四つがあります。

【下学年の検定教科書の使用】

　使用に当たっては，ただ単に学年を下げてそのまま使用するような水増し

教育は避け，自立活動の指導を加えながら個に応じた取り扱いをするようにしましょう。

【特別支援学校用の文部科学省著作教科書（知的障害用）の使用】

　知的障害用の著作教科書は，通称「星本（☆本）」と呼ばれています。☆は一つから四つまであり，通常☆一つが小学校低学年用，二つが中学年，三つは高学年，四つが中学生用です。星本の教科は，国語，算数・数学，音楽があります。今後，紙ベースの教科書から学習用デジタル教科書への移行が図られます。

【検定教科書と著作本の併用】

　例えば，算数は検定教科書，国語は著作本を使用するなど，です。

【学校教育法附則第９条に規定する教科用図書の使用】

　市販の一般図書は，設置者が作成した一般図書選定一覧から子供の学習状況に応じて選定することになります。選定に当たって，図書によっては，単発の単元で扱うような内容のものもありますが，できるだけ年間を通して有効に使用できる図書を選定するとよいでしょう。

教科書の無償給付

　１学年につき１教科１冊のみ無償給与されます。１教科で，検定教科書又は著作教科書と附則第９条に規定する教科書を重複して給付を受けることはできません。

14 教材・教具の選定

（喜多　好一）

特別支援学級で使用する教材・教具

　知的障害特別支援学級の授業では，障害の特性が，口頭での指示や説明だけでは内容理解が不十分になることや集中力や学習意欲の継続に困難さがあることから，実際に**五感に訴える教材・教具の工夫**が必須です。特に視覚，聴覚に訴える教材・教具の提示が効果的です。また GIGA スクール構想により一人一台タブレット環境が整い，周辺機器も充実し，ICT を活用した教材・教具が当たり前になってきますから，その有効的な活用方法も模索していく必要があります。

教材・教具の作成のポイント

　特別支援学級の教材は市販のものを選定することもありますが，個々の教育的ニーズや興味・関心に応じるために，**教員が自作をする**ケースが多くあります。教材・教具の作成ポイントは次の通りです。

①個々の障害の状態及び能力，特性，興味関心に配慮する。

②個々の発達段階や学習の習熟度に応じた配慮をする。

③個々の指導目標の達成を図るための工夫をする。

④達成感や成就感を味わえるような工夫をする。

⑤結果がわかりやすく，確認しやすいものにする。

⑥壊れにくく，安全に使用できるものにする。

⑦教材カタログや特別支援学校の教材なども参考にしながら，実態に応じた

手づくり教材・教具を作成し，活用していくことも検討する。

授業での効果的な活用について

　魅力的な教材・教具を作成しても，**授業の中でいつ，どのタイミングで，どのように提示するのかイメージ**しておかないと効果的な活用は望めません。教材を提示した際の子供一人一人の反応をイメージした入念な準備が大切です。教材・教具を手にした子供たちのキラキラした目の輝きを想像しながら，教材・教具の作成をしていきましょう。

具体的な教材・教具例

【学習への見通しをもつための教材・教具】

- 一日の授業予定カード，時間と分が一目でわかる時計，デジタルタイマー，給食カード，手順カード，今ここ矢印。

【学習内容の理解を促す教材・教具】

- 実物，具体物，反具体物，写真，動画，絵カード
- ワークシート，フラッシュカード，スリット付きカード
- 50音表，ひらがなカード，漢字カード，筆順カード
- 意思表示カード，表情カード，ソーシャルスキルトレーニング・カード

表情カードで自分の気持ちを選択する。

15 学習評価の方法

(喜多　好一)

学習評価の考え方

　知的障害のある子供一人一人の評価については，障害の状況や程度，学習の習熟度等に応じて多角的に行う必要があります。その際，各教科等の目標に準拠した評価による学習評価を導入しながら，学習評価を基に**授業評価や指導評価等**を行います。なお，**知的障害のある子供とその他の障害のある子供への学習指導上の評価**については，次のことを留意することが肝要です。

- 知的障害者である子供に対する教育の評価で，特別支援学校の各教科等を取り扱う場合は，**文章による記述は維持**しながらも，**観点別の学習状況を踏まえた評価を取り入れる**こと。
- 学習指導要領の三つの柱に応じる形で，「知識・技能」「思考・判断・表現」「主体的に学習に取り組む態度」が各教科等の評価の三観点として示されています。**特別支援学級の授業においてもこの三観点は必ず押さえることが必須**となる。
- その他の障害のある子供について，個別の指導計画に基づく評価などが行われる場合があることを踏まえて，指導に関する記録を大幅に簡素化すること。
- 学習評価の結果を学習や指導の改善につなげることに重点を置くこと。

三つの学習評価

　以下の三つの評価結果を振り返り，次の授業，単元，年間計画への改善へ

PDCA サイクルを回していくことが重要です。

① 「学習状況の評価」…子供の授業中の発言，反応等の評価。

② 「授業の評価」…教師の授業力に関する評価。

③ 「指導計画の評価」…単元計画や年間指導計画に関する評価。

評価の妥当性の担保

　「学習状況の評価」の妥当性については，1単位時間の単元の全体の目標達成状況と共に，一人一人の目標の達成度を評価します。その際，教師が立てたねらいの妥当性を十分に検討することが重要です。**子供に示すめあてとしての目標は，抽象的な表現やあいまいな表現は避け，「評価基準」になるように意識して立てる**ことが重要です。（例：国語の物語文「第二場面の主人公の台詞の気持ちを読み取る」）授業の終わりには，**自らのめあての振り返り，自己評価**するために，ワークシート等を活用して行います。文字を書くのが苦手な子供には，写真や図を切って貼ったり，簡単にチェックしたり，また自分の気持ちを表情カードやマークで表したりする工夫も必要です。自己評価をするに当たって，子供同士がよさや成長を伝え合う機会を設けたり，複数の教師が関わっているのであれば教師からの評価も伝えたりするとよいでしょう。「授業の評価」の妥当性については，授業内容と指導方法，教材・教具が適切であったかを評価する必要があります。特に個々に応じた支援の妥当性は子供の様子から常に見直していくことが大切です。

学習評価の実際

- 可能であれば活動できた時間や達成度の割合など，**目標の指標化（数値化）**をするとよい。

- **1単位時間の評価**は，ワークシート，作品やスピーチなどの発言等，評価をする場面や資料を明確にしておく。

通知表の作成と個別の指導計画からの転用

（喜多　好一）

特別支援学級の通知表

　通知表は，公簿としての位置付けはありませんので，作成は必須ではありません。そのため，様式も学校ごとに独自に定めて作成していることが多いようです。通知表の様式は，一般的に各教科の評定，生活面の評定欄に加えて，文章で評価を伝える道徳科，外国語活動，総合的な学習時間などがあり，最後に「所見」の欄が設けられています。

　特別支援学級の通知表は，通常の学級の通知表の内容に加えて，**「特別の教育課程」で定めた教科等を合わせた指導や自立活動の指導等**の欄があります。各教科に関して，評価基準に基づいた段階後の評価をする場合，文章で評価する場合，ミックスして評価する場合があります。いずれにしても，学習面，生活面において子供一人一人の目標が違いますので，その達成度を記した上で，学習の成果，その子のもっているよさや可能性について保護者や本人に具体的に伝え，励みになるような評価をすることが重要です。

通知表の「所見」等を記入する際の配慮事項

①原則，子供対象ではなく，保護者向けの記載を心掛ける。**特別支援教育専門の用語，教育的な用語**は避ける。

②学習面の目標に対する努力している姿，やりとげた後の変容などを具体的に記す。

③生活面は，豊かな人間性に関わる様子を具体的に記す。友達との関わり，

学級のための当番活動の様子など。

④**課題の記述は避け，伝え方を工夫，言い換えた表現に直す**などする。課題に対する学校の取り組んでいることを記し，その後に今後，指導していきたいこととして記載するとよい。

⑤家庭と連携するために指導のねらいや具体的な方法を記す。家庭が協力して指導できるように具体的な支援方法を書くこと，次の学期，学年での取組のポイントを示すこと，日々の連絡帳で伝えたことでも，記録として残すために再掲することなど。

氏名・学年		記入者		
子供の願い				
保護者の願い				
今年度の目標				
教科・領域等	目 標	手 立 て	学習の様子 評価	
国語				
算数(数学)				
音楽				
図楽工作				
生活単元学習				

通知表記入例

個別の指導計画からの転用

通知表に記載する内容は，**個別の指導計画の内容と連動**していますので，その様式も含めて関連をもたせることが重要です。

個別の指導計画の様式は定められてはいませんが，項目として立てられている欄としては，自立活動の指導内容と方法，各教科の指導，各教科等を合わせた指導，領域別の指導は設けています。そこで記された目標や手立てが**短期目標であればそのまま転用**できます。長期的な視点の目標であれは，短期目標に修正して適用するとよいでしょう。

第2章

よりよい授業づくりの
ためのポイント

特別支援学級では，子供の実態に合わせた目標設定や授業の手法，障害特性に合わせた指示や発問，板書，教材・教具の工夫を行っていきます。

1 子供の実態と学習状況の把握法

（長江　清和）

特別支援学級の担任の悩み

　少人数の特別支援学級であっても，在籍する子供の実態は幅広い発達段階と多様な障害特性のある個性豊かな学習集団となります。さらに複数の学年にまたがる学習集団となるので，特定の学年の教科書や教材で，特定の学年の目標設定で授業をすることもできません。就学相談の一環で標準化された発達検査を受けていることが多く，数値化された発達段階の結果が出ていることもあります。しかし「言語発達〇〇歳」といっても，それはあくまでも参考資料であって，そこで示された発達段階相当の学年の目標と内容で授業をすればいいわけではありません。特別支援学級の担任の悩みは，**「何を教えていいかわからない」**ということに尽きるのではないでしょうか。

実態把握は行動観察と関わりの記録の蓄積

　組織マネジメントのキーワードで「PDCA サイクル」というのをご存じでしょうか。Plan（計画），Do（実践），Check（評価），Action（改善）の頭文字のアルファベットです。この通り子供の**実態把握**もできればいいのですが，そう簡単ではありません。まずは**仮説として，Check（評価）**を行います。これを**見立て**といいます。「これに興味（関心）があるかな？」「これはわかるかな（できるかな）？」と仮説を立てて，**行動観察と関わりの事実の記録を蓄積から，自分の見立ての妥当性を高めていきます**。これこそが，特別支援教育の専門性といえるものです。自らの見立ての妥当性を高

めるために，発達や障害特性についての研修が大切なのは，いうまでもありません。その過程で，標準化された発達検査の結果を実態把握の裏付けとして活用することができます。

学習状況は指導計画と学習評価の記録を分析して

　特別支援学級の担任は，発達や障害の状況を診断することが本務ではありません。人格の完成という教育の目的を達成するために，学校で子供の学習を計画的に実践することが本務です。そのために指導計画を作成して，授業を通した学習評価をします。子供の学習状況は，それまでの指導計画と学習評価の記録を分析することが必要です。それを各教科等の枠組みで，どのような学習を経験してきているかを整理することが有効です。特に知的障害や自閉症スペクトラム症の子供は，未経験の学習に対して無気力になったり拒絶したりすることがあります。学習内容だけでなく，学習方法に対しても，経験しているかどうかが鍵となります。その上で，理解度や習熟度を把握することが必要です。次年度以降に活かすためにも，何を学習したか，どのような学習活動に参加したかを，個別の指導計画に学習評価の記録を残すことが大切です。

実態把握と学習状況を把握する観点は学習指導要領

　小（中）学校学習指導要領に準じた教育課程の場合は小（中）学校学習指導要領，知的障害で特別の教育課程編成の場合は特別支援学校学習指導要領を適用します。**実態把握と学習状況を把握する観点は，学習指導要領に基づいて行うことが原則**です。その枠組みで，記録したことを箇条書きで書き入れていくと，子供一人一人のプロフィールを概観することができます。さらに各教科等だけではなく，**自立活動の６領域27項目の観点で実態把握すると，障害の特性を踏まえた実態把握ができます。**

2 目標設定の工夫

（長江　清和）

特別支援学級における個別最適化と協働的な学び

　特別支援学級では，学年差と発達差のある学習集団となるため，学級として目標設定をすることが難しくなります。そのため，個別の目標設定に基づいた個別の指導が中心となり，これは個別最適化の観点では評価できますが，協働的な学びの観点からは十分ではありません。個別の目標設定を踏まえて，共通の学習活動で学び合う授業づくりが必要となります。学年差と発達差のある学習集団に対応した協働的な学びを実践するために，**学習内容を分析してスモールステップ化し，指導内容を系統的に整理して目標設定します。**

観点別学習状況の評価の三観点に基づいた授業の目標設定

　特別支援学級においても，学習評価は観点別学習状況の評価の三観点に基づいて行います。それによって学習状況を分析的に捉えることができ，学習指導要領において育成を目指す資質・能力の三つの柱（「知識・技能」「思考力・判断力・表現力等」「学びに向かう力・人間性等」）に基づいて目標を設定することができます。子供の実態，活動の特徴，使用する教材，獲得させたい行動やスキル等を加味して，学習集団全体を対象とした単元の目標を設定し，より具体的な単元全体の目標を三観点で設定します。これによって単元全体を通して身に付けさせたい，育成を目指す資質・能力が明確になります。そして個別の目標設定も，個の実態と課題に引きずられすぎないで，育成を目指す資質・能力に基づいて設定できます。

「指導内容ステップ表」に基づいた目標設定

　集団での学び合いを目指すと個の課題に迫りきれない，個の課題に迫ろうとすると集団の学び合いが成立しにくいのが，特別支援学級担任の多くが感じている悩みです。そこで「指導内容ステップ表」の活用を提案します。

　小学校知的障害特別支援学級における体育科の単元，「カラーロープであそぼう」の実践事例です。赤，青，黄，緑の４色のロープを教材に，またぎ越す，跳び越す，這う・くぐる等の運動を設定しました。個の課題に合わせた調整，様々な動きの設定ができ，子供の意欲を引き出せます。

　体育のように動的な活動が展開されると，**教師は授業の展開に意識が集中し，個の目標設定があいまいになりがち**です。以下の図のようにあらかじめ個の課題をスモールステップ化すると，本時の目標設定が焦点化できます。「できる」と評価できるように，本時では**「できつつある」や「できた時がある」**課題を目標設定して，指導・支援をすると個別最適な指導ができます。

ロープを使った運動（這う・くぐる運動）

	A	B	C	D	E	F
＊教師と友達が張ったロープの下を引っかからないように身体を操作して這ってくぐることができる。	A	B	C	D	E	F
・友達が這ってくぐることを意識して，ロープを持って張ることができる。	○	○	○	○	○	○
・腕を伸ばしてひきつける力だけで，足を使わずに這ってくぐることができる。	◎	◎	◎	◎	◎	◎
・腕の引きつけと片方の足のけりを使って這ってくぐることができる。	◎	◎	○	◎	◎	◎
・腕の引きつけと両足のけりを使って這ってくぐることができる。	△	○	△	◎	◎	○
・体の交叉パターンと足の親指のけりを使って，円滑な動作で這ってくぐることができる。	△	△	△	○	○	○

【参考文献】
・国立特別支援教育総合研究所『令和元・２年基幹研究（障害種別）「知的障害特別支援学級担当者サポートキットの開発―授業づくりを中心に―」
https://www.nise.go.jp/nc/study/others/disability_list/intellectual/sk-basket

3 授業の手法 —フレームワーク—

（長江　清和）

特別支援学級の授業も「導入―展開―まとめ」が原則

　「導入―展開―まとめ」が授業の原則であることは，特別支援学級においても，一対一の授業であっても重要です。なぜならば，授業の目標を達成する上で，この原則を大枠のフレームで考えることが「わかる・できる」授業につながるからです。

授業の導入は「わかる・できる」ためのプロローグ

　そもそも子供が「わかる・できる」ために必要なことは何でしょうか。それは子供の内発動機づけのスイッチを入れることです。つまり子供の興味・関心を教材に向けることです。そのためには，全員が「わかる・できる」課題設定が必要です。全員が参加できる歌遊びやゲーム形式で本時の授業の主題を捉えたり，前時に学んだことを個々に確認をする課題を設定したり，その後の展開を想定して柔軟に考えたいものです。**導入**の子供の反応で，その時間の学びの深まりが違ってきます。

授業の展開は「わかった・できた」という実感を

　1時間の授業の**展開**において，共通の教材で学び合う活動と個別に設定した課題に取り組む活動を組み合わせることが有効です。視覚化と構造化を場の設定や教材の工夫に入れて授業を展開することが大切です。

①視覚化について

　特別支援学級に在籍する子供の特性として，言語指示を理解して思考したり判断したりすることの困難さがあります。そのため視覚化は，視覚優位の認知特性のある場合，必須の支援となります。その時に，視覚化の方法として，実物，写真，絵，シンボルマーク，文字等が考えられます。実物や写真は具体的に捉えることができますが対象を限定してしまい汎用性に課題があります。一方で絵，シンボルマーク，文字は，抽象的な捉えとなりますが状況によって汎用性をもって活用することができます。そういったことから，写真と文字を併用する等，組み合わせて視覚化をすることも有効です。授業の展開で，何が有効かを考えて視覚化を取り入れることが大切です。

②構造化について

　特別支援学級に在籍する子供の特性として，活動の見通しをもつことの困難さがあります。そのため構造化という考え方が，見通しがもちにくい認知特性のある場合，必須の支援となります。構造化とは，今何をする時間か，次にどうなるのかなど，活動や世の中のことのしくみなどを，人にわかりやすく示す方法のことをいいます。構造化には，場の構造化，意識の集中の構造化，時間の構造化，順序の構造化，回数の構造化，展開の構造化等があります。

授業のまとめは，学びの「アウトプット」を

　言語発達の遅れやコミュニケーションの乏しさから，特別支援学級の子供の学びは，「インプット」中心になりがちです。授業の**まとめ**では，学んだことを表出・表現する「アウトプット」の場面を設定することで，学びが深まります。ICT の活用も視野に「アウトプット」を工夫しましょう。

【参考資料】
・内田洋行教育総合研究所「学びの場 .com」，「構造化」による環境づくり
　https://www.manabinoba.com/edu_watch/020069.html

指示・発問・賞賛の工夫

（長江　清和）

「わかる」に導くための「指示・発問・賞賛」

　授業は，子供が「わかる・できる」喜びを味わえるようにしなければなりません。その時に必要なことは，適切な**指示・発問・賞賛**です。特別支援学級において教材の価値に気づくことができ，教材に向かい合って学びを展開するために，どのようにすればいいでしょうか。

「わかる」とは「同じだ」に気づくこと

　「わかる」ということの意味と，それに達する過程を明らかにする研究は，認知心理学（認知科学）で取り組まれています。その代表的な先行研究である佐伯胖の『「わかる」ということの意味』を基に紹介します。佐伯は，「わかる」と

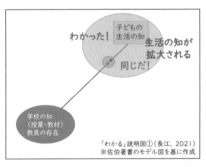

「わかる」説明図①（長江，2021）
※佐伯著書のモデル図を基に作成

いうことは，それまで子供が生活を通して獲得している「生活の知」と学校で学ぶ「学校の知」との共通点に気づくこと，つまり「同じだ」と気づくことだと言います。しかしそれは瞬間的なもので終わってしまうとも言います。それを「生活の知」に取り込めると「わかった」ということができると言います。これは「できる」「できた」ということでも，同様に説明できると思います。授業で教師が行う「指示・発問・賞賛」は，そのための教授的な行為なのです。

発達段階と障害の特性を踏まえた「指示・発問・賞賛」

　特別支援学級に在籍をする子供も，先
の考え方と基本的に同様に「わかる・で
きる」ことを説明できます。しかしそれ
だけでは十分ではありません。当然なが
ら，**発達段階と障害の特性を踏まえた
「指示・発問・賞賛」**が求められます。
すなわち，それが特別な支援の手立てで

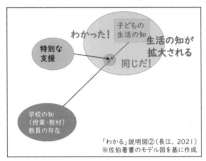

「わかる」説明図②（長江，2021）
※佐伯著書のモデル図を基に作成

あるといえます。通常の指示では課題の対象に目が向かない時に，目が向く
ように指差しをして促す，または対象を認識できるように身体の向きを変え
たり対象と近づかせたりします。そして通常の発問では反応しない時に，**意
識が対象に向いた瞬間を捉えて発問**をする，または**言葉での発問だけではな
く視覚的に理解させたり注意を促し**たりします。さらに通常の評価では評価
が実感できない時に，即時的な評価を心掛ける，または**評価を可視化したり
して賞賛**します。そういう「指示・発問・賞賛」をすること，それが発達段
階と障害の特性を踏まえた特別な支援となります。

「指示・発問・賞賛」を主体的な学びへつなげるために

　教師が行う「指示・発問・賞賛」は，授業の目標を念頭に行われるため，
教育的な指導の意図によって行われます。これを心理学では統制と言います。
教育には統制が必要ですが，子供が主体的に学ぶためには，統制を少なくし
て自律した学びとする必要があります。適切な「指示・発問・賞賛」は，自
律的な学びとして子供主体の学びへつなげる効果もあります。発達段階と障
害の特性を踏まえて，「指示・発問・賞賛」を行うことが大切です。

【参考文献】
・佐伯胖『「わかる」ということの意味』岩波書店（1995）

5 板書の工夫

（長江　清和）

板書の役割を再検討しましょう！

　学校の授業では，板書は当たり前のように授業の構成に欠くことができないものと認識されています。通常の学級の授業では，共通の授業内容を共有するための役割が板書にあります。ところが特別支援学級では，個の実態と課題を踏まえた個に応じた指導が重視されます。そうすると通常の学級における板書の役割とは同様ではないと捉えるべきです。特別支援学級における板書の役割を再検討することが求められます。

板書の構造化

　板書の構造化は特別支援学級においても必要です。（構造化は，「3　授業の手法─フレームワーク─」でも扱いました。）**板書の構造化では，授業内容のポイントを共有する，授業展開の流れに見通しをもったり振り返ったりするという役割が求められます。** 例えば

縦書きの板書であれば，向かって右から左に1時間の授業の展開が流れるように板書をします。そうすると授業の流れの見通しがもてます。しかし言語発達の遅れや感覚器官の働きに課題があることが少なくない特別支援学級の子供は，板書の構造化を図っても，教師の意図通りの効果が得られないことが少なくありません。

ホワイトボードの活用で課題の焦点化のための一工夫

　前項の写真は，小学校知的障害特別支援学
級の国語科「スリーヒントクイズ」の授業で
す。１時間の展開の流れが構造化され，その
中に絵や写真を活用して視覚化された教材が
効果的に提示されて，言語発達に遅れのある
子供がわかるように板書が配慮されています。

しかし，子供の反応は，教師が期待したほどではありませんでした。

　授業後の反省で，工夫した板書の情報が子供には取り入れづらかったので
はないかというのが出されました。黒板は，１学級最大40名の子供が一斉に
学習するために設置されています。しかし特別支援学級は１学級最大８名で，
少人数のため教室の前方に机が配置されていることが多いのです。そうする
と幅広の黒板いっぱいに情報が提示された場合，どこを見たらいいかわかり
づらい状況が生じます。そこで移動式のホワイトボードを用意し，黒板に提
示した情報の中で焦点化したい情報を抜き出して，ホワイトボードに提示し
ます。そうすると，子供の反応が見違えるほどよくなります。ホワイトボー
ドが，子供の目の高さで，手を伸ばせば届く距離感で，焦点化した情報を提
示する役割を果たしました。

子供と共に授業で学び合う板書の活用

　通常の学級の授業でも，授業の展開の中で子供が板書をすることがありま
す。個々の学びを学級全体で共有するために，板書を活用することができま
す。特別支援学級でも同様の板書の活用が効果的ですが，教師と子供のやり
とりを，板書を媒介にして行うことも効果的です。発問の回答の選択肢を黒
板に提示して選択させる，子供の学びの成果を教師が受け止めて板書で提示
する等，共に学び合う板書の活用が設定できます。

6 教材・教具の工夫

（長江　清和）

特別支援学級の授業は，教材・教具！

　特別支援学級の授業は，教材・教具で決まるといっても過言ではありません。子供が教材を目の前にした時に，自然と授業の目標に沿った活動ができるようにしたいものです。

知的障害と自閉性，障害の特性を踏まえた教材・教具

　特別支援学級で知的障害と自閉スペクトラム症を併せた知的障害の子供が同じ学級に在籍している場合，この二つのタイプは違うと認識して教材・教具を準備する必要があります。

知的障害	⇔	自閉症
直感的活用		手順を明確に
単純な操作		複雑な操作も可
複数で活用も可		個人で活用
見た目重視		操作性重視

知的障害の子供の認知は，たとえるならば「アナログ」的ということができます。授業では「動機づけ」が参加の意欲に影響を与え，「集団」での活動や授業展開の中での「変化」を好む傾向があります。その一方で**自閉スペクトラム症を併せた知的障害の子供の認知は，たとえるならば「デジタル」的**ということができます。授業では「結果」を明確にすることが参加の意欲に影響を与え，「個別」での活動や授業展開の中での「繰り返し」を好む傾向があります。そういう障害の特性を踏まえると，教材・教具の活用では，このような違いがあります。

自作の教材・教具を活用した実践例

　従前より特別支援学級では，自作の教材・教具を授業で活用することが広く実践されてきました。通常の教育課程に準拠した教科書や既成の教材・教具が活用できない，または活用しづらい状況から，授業の目標に沿った自作の教材・教具が開発されてきました。以下，小学校知的障害特別支援学級の算数科における「買い物できるかな？（お金の学習）」の実践例です。

　この学級に在籍する子供の多くが，1から10までの数唱はできても，買い物をする際には10円を超える金額になることが多いので，金額を見て正しく読むことができず，金額を把握してお金のやりとりをすることができませんでした。

　左下の写真は，10円玉を数える自作プリント教材で学習している様子です。白黒で印刷したプリント教材の上に，硬貨を模したカラーのお金シールを貼ってお金と金額と読み方を結びつけます。1から10まで数唱できることを活かして，10円玉を一つの個体と認識したら学習が成立しました。白黒のプリント教材にカラーの硬貨シールを並べ，正しく読めたら貼っていきます。実際に買い物に行く時は，さらにその上に実際の硬貨を置いて正しく読む学習をしました。

　右下の写真では，二つの金額を紙の硬貨の教材で並べ，二つの金額の合計を具体的操作をしながら並べて，合計金額を計算します。それまで足し算の計算プリントでは理解できなかった子供が，お金の具体的操作をすることで計算ができるようになりました。

7 ティーム・ティーチングと教師の連携

（長江　清和）

複数教員のティーム・ティーチング

　特別支援学級では，複数の教員のティーム・ティーチングで授業を展開することが少なくありません。学習集団の特性，授業の特性によって，ティーム・ティーチングの形態は様々なパターンが考えられます。（教員の個性を活かす観点もあります。）**ティーム・ティーチングの質的な向上は，授業の目標達成のために必須の条件**となります。代表的なティーム・ティーチングには，以下のようなパターンがあります。

①主となる教員がＴ１となり，Ｔ１がリーダーシップを発揮してＴ２等と連携して授業を展開する。
②Ｔ１，Ｔ２等が分担し，個別の指導や少人数のグループ指導の担当を明確にして授業を展開する。
③Ｔ１とＴ２等が役割分担（展開によって主と副が交代することもあり）を明確にして，やりとりをしながら授業を展開する。
④主となる教員がＴ１となって授業を展開し，Ｔ２等が授業の間接的な指導（ピアノ伴奏や人形劇を演じる等）を行う。

支援員とのティーム・ティーチング

　特別支援学級では，支援員とのティーム・ティーチングも少なくありません。しかし，複数の教員のティーム・ティーチングと支援員とでは，異なり

ます。なぜならば，授業における指導の責任は教員にあり，支援員は教員の指導を補助する立場という職務の違いがあるからです。それを念頭に置いて教員と支援員の関係を履き違えなければ，先にあげた①から④のティーム・ティーチングのパターンを，教員と支援員の関係に置き換えることができます。ただし②の個別の指導や少人数のグループ指導の担当を明確にして授業を展開する場合では，支援員が担当する子供の指導も，教員が責任をもって目標を設定して学習評価を行うことが必要となります。

交流学級担任との連携

　特別支援学級に在籍する子供は，当該学年の一つの学級を交流学級として位置付け，交流及び共同学習等を行っている学校が多いと思います。**教育課程に位置付けた交流及び共同学習を実践する場合，交流学級担任との連携が大切**になることは言うまでもありません。特別支援学級担任や特別支援学級の支援員がついて，交流学級の授業や行事に参加する場合だけでなく，特別支援学級担任や特別支援学級の支援員がつかないで，交流学級の子供の中に入って共に学ぶ活動を行う場合もあります。日常的なコミュニケーションをとること，特に交流学級が時間割を変更したりする情報の伝達漏れがないように留意することが必要です。急な日課の変更が受け入れられない傾向のある特別支援学級の子供も少なくないので，交流学級担任との連携は重要です。

管理職を含めた校内の教員との連携

　特別支援学級が小学校または中学校に設置されていることを，校内で再確認することが必要です。特別支援学級が特別な存在として認識されるのではなく，校内で当たり前の存在として位置付くようにするためには，校長をはじめとする**管理職を含めた校内の教員との連携が必要不可欠**です。

第3章

事例で見る
よりよい授業づくりの
ポイント

特別支援学級では，子供の実態に合わせて，
当該学年の学習を行ったり，下学年の内容を
取り入れたり，各教科等を合わせた指導を行
うなど多様な方法をとります。

1 知的障害特別支援学級
当該学年の内容＋配慮・支援でつくる国語の授業づくりポイント

（小島　久昌）

説明文を読むということについて

　知的障害学級の子供にとっても，「A話すこと・聞くこと」「B書くこと」「C読むこと」の三つの領域は，もちろん，いずれも大切なものです。

　しかし，将来にわたって活用できる力として蓄えたい領域を考えた時には，仕事の上でも，生活の上でも，趣味の上でも「読むこと」が重要になってくると考えています。

　それは，仕事の上では指示書を読んだり，生活の上では取扱説明書を読んだり，趣味の上では月刊誌を読んだりする機会が多いからです。

　ここでは，それらをイメージした上で，**当該学年の説明文を読んで内容を理解する学習をするための配慮や支援を考えた「音読帳」の学習**を紹介します。

教材を準備する

❶当該学年の内容の選択

　当該学年の内容の教材を用意する場合，一番身近なものは教科書です。学習指導要領に基づいた学年別の教科書が用意されています。しかし，教科書の単元は長文の説明文が多く，知的障害学級の子供には適さない場合があります。

　一般に市販されている図書の中から選択することで，子供の興味・関心に基づいた内容の説明文を用意したり，子供の実態に適した文章量を用意した

りすることが可能になります。

❷具体的な教材の選択

　特に特別支援学級の子供にとって，興味・関心のある内容の教材の用意が
あると学習意欲が増します。**一人一人の子供の興味・関心を把握し，その内
容を「○○さん教材」として準備する**ことも考えてよいでしょう。同じ時間
に学習する子供が複数いる場合は，順番に「○○さん教材」を用意すること
で，相互理解にもつながります。

　筆者が活用している教材は，学研プラスの『**なぜ？どうして？科学のお話
○年生**』シリーズです。この書籍は，学年が明記されていますので，何年生
相当という客観的な指標があります。また，内容が「科学のなぜ？」「から
だの話」「科学の実験」「生き物の話」「科学のびっくり」「科学の伝記」「食
べ物・身近な物の話」「地球・宇宙の話」といくつか用意されているため，
子供の興味・関心に基づいた内容を選ぶことができます。同様のシリーズで
『**なぜ？どうして？みぢかなぎもん○年生**』という出版物もあります。いず
れも，教科書より短いお話がたくさん入っているので，知的障害学級の子供
の特性に合わせた教材を選ぶのに適当だと思います。

❸リライト教材の準備

　当該学年の内容を選択した場合，子供が漢字を読むことができる，出てく
る単語や言い回しの理解ができる，対象となっている事物について一定の知
識をもっているということについて，アセスメントを行うことが必要です。

　まずは，**漢字の読み**についてです。漢字の読みや意味について十分な理解
がない場合は，内容の理解につながりません。

　また，使い慣れない単語が多い場合にも，文節，つまり意味の通じる範囲
で分割した最小の単位で文を分けることが難しい場合にも同様です。教材の
対象とした説明文と子供の実態がこのような状態にある場合は，**教材をリラ
イトすることで学習参加率が高まります**。

リライト教材とは，内容は変えずに表現を易しく書き換えた教材となります。ここでは，漢字にふりがなを振る・文節でスペースを入れることを中心とします。

大山光晴ほか監修　コスモピアほか文『なぜ？どうして？科学のお話３年生』（学研プラス）より

右ページ→文節で半角スペースを入れる／全ての漢字にふりがなを振る。
左ページ→文節で区切らない／初発の漢字にのみふりがなを振る。

授業を進める（子供６名前後のグループ学習）

次の順番で授業を展開します。
①教員が音読するのを聞く。
②新しく得た知識やわかったことを一人ずつ発表する。
③糊づけをして色画用紙に貼り「音読帳」にする。
④理解できなかった用語や疑問に思ったことについてタブレット等を使用して調べる。
⑤調べたことを発表し共有する。
⑥丸読み（一つの文ごとに交代して文章を読む）をする。
⑦音読の宿題として５日間取り組む。

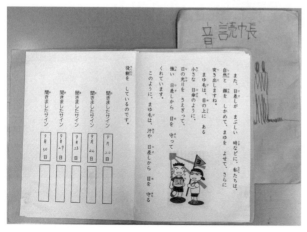

大山光晴ほか監修　コスモピアほか文『なぜ？どうして？科学のお話２年生』（学研プラス）より

　これを一つの教材についてのパターンとし，繰り返し学習します。学習の形態が変わらずに内容を変えていく授業の組み立ては，知的障害学級の指導として非常に有効です。

ポイント

○学年が明記されている教材を使用することで，子供の実態を把握したり目標を明確にもったりすることができる。また，通知表や中学校進学の際の行動観察記録として，「○年生の内容が理解できる」と表記することができる。

○子供の実態に合わせて，リライトする程度を工夫することで，内容の理解について，子供が集中することができる。

○「読む」ことを目標とした単元であるが，発表し合う場面を２回設定することで，「話す・聞く」力の伸長も期待できる。

○音読帳として宿題に出して家庭の協力を仰ぐことで，子供の実態や学習内容を保護者と共有することができる。

○１週間程度で次の教材に移行するが，学習の形態を変えないで進行するため，子供が安心して学習できることにつながる。

2 知的障害特別支援学級
下学年の内容＋配慮・支援でつくる 国語の授業づくりポイント

（小島　久昌）

物語文を読む・聞くということについて

　知的障害学級の子供にとって，物語文を読んだり聞いたりという活動は学業を終えてからは接することが非常に少なくなる場合が多いと思われます。

　しかし，物語を読んで（聞いて）豊かな心情を育んだり，感想を友達と交流したりすることは，学校教育ならではの特性があるもので，特に小学校段階においてはその重要度が高いと考えます。

　ここでは，**物語文を読んだり，聞いたり，動画として観たりして，友達と感想を交流したり，ワークシートにまとめたりしながら，物語の内容を少しでも深く理解することを楽しむ学習**を紹介します。

教材を準備する

❶下学年の内容の選択

　物語文の場合，書かれている場面や背景の理解をしたり，話の流れを把握したり，登場人物の心情に触れたりしながら読む（聞く）ことが求められるため，書かれている内容や背景，登場人物などについて十分に理解することが必要とされます。

　そのため，**下学年の内容を選択した方が，物語を十分に楽しみながら内容の理解を進めることができる**のではないかと考えています。

❷具体的な教材の選択

　このように考えた時に，これらの学習を進めるためには童話や昔話が適切と考えます。日本の昔話などは，大人になった際の日常会話の話題となることがあり，知識として知っておくとよいものでもあります。また，善悪の判断を培うことにもつながると考えます。

　様々な書籍が出版されています。子供の実態や興味・関心に基づくものを学校図書館や公立図書館，書店など，幅広い範囲で探すことをお勧めします。

　子供と共に学校図書館で絵本を選んだり，校外学習として地域の公立図書館の利用をしたりすることで学習活動が広がるだけでなく，生涯にわたって書籍に親しむ態度を育むこともできるでしょう。

　また，童話や昔話は絵本として出版されていることが多く，装丁が工夫されていたり，絵やイラストが多用されたりしていることも，下学年の内容を適用する子供の特性に合致しているものと考えます。

　授業では，実際に絵本を見せながら読み聞かせする形式以外に，実物投影機とプロジェクターを使用してスクリーンに大きく示す形式，絵本をスキャンして子供一人一人のタブレットにデータとして入れ各自が操作する形式など子供の特性や発達段階，障害の特性に合わせて，絵本に接する環境を整えます。

　ここで紹介する教材は，NHK for School の「おはなしのくに」というコンテンツです。日本や各国の童話や昔話が取り上げられています。語り手が，それぞれのお話を一人芝居をしながら読み聞かせてくれます。情景をイメージしやすくするために語り手の背景が工夫されていたり，イラストが挿入されたりしています。工夫された動画で物語に接することができます。また，紙芝居形式の読み物教材も用意されていて，子供が童話や物語を読む活動もスムーズに準備できます。（必要があれば，第3章1で述べたようにリライト教材を準備することをお勧めします。）

❸感想をまとめるワークシートの準備

　感想をまとめるワークシートを準備します。下学年の内容を適用する子供であることを配慮して，罫線のあるワークシートと罫線のないワークシートを用意します。

　文字で物語の粗筋をまとめたり，感想を書いたりしたい子供は罫線のあるワークシートを選択します。一番心に残った場面や登場人物の表情を絵で描いて伝えたい子供は罫線のないワークシートを選択します。可能な場合は，子供が自ら選択できる場面を設定することも特別支援学級の工夫の一つです。

　罫線のないワークシートを選択した子供についても，授業の中でワークシートにまとめた内容を発表し合う時間を設定してあるので，言葉として学習の成果を評価できるようにしてあります。

　タブレットでまとめたい希望がある場合は，その活用を図ることも考えてよいでしょう。

授業を進める（子供6名前後のグループ学習）

　次の順番で授業を展開します。
①童話・昔話の動画を観る。
②童話・昔話を教員が読む。
③童話・昔話の丸読みをする。
④理解できなかった背景や疑問に思ったことについて教員の説明を聞いたり，タブレットで調べたりして共有する。
⑤ワークシートを書く。
⑥ワークートにまとめた内容を発表し合う。

　これを一つの童話・昔話についてのパターンとし，繰り返し学習します。学習の形態が変わらずに内容を変えていく授業の組み立ては，知的障害学級の指導として非常に有効です。

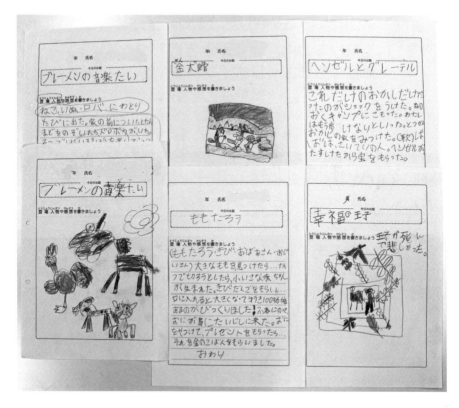

ポイント

○童話・昔話を教材として使用することで，善悪の判断を培ったり，豊かな
　心情を育んだり等の情操教育だけでなく，想像力や価値観を育てることが
　できる。

○子供の実態や興味・関心に合わせて，多数ある童話・昔話から選択するこ
　とができる。

○「読む」ことに加え，「話す」「聞く」「見る」活動を取り入れることで，
　互いに補完しながら，内容を理解することができる。

3 知的障害特別支援学級
当該学年の内容 ＋ 配慮・支援でつくる
算数の授業づくりポイント

（池田　康子）

当該学年の内容を扱うとは

　算数は，系統性や連続性がはっきりしており，基礎基本が身に付いていて こそ次の段階の学習に進めることができます。そのため，「○年生だから○ 年生の学習を」という考え方ではなく，特別支援学級で実施できる配慮や支 援によって「当該学年の学習」が可能である場合に「当該学年」の内容を学 ぶことになります。通常の学級と同じ内容を「子どもに合った学び方」で学 んでいるのです。それは，身に付けた基礎基本の力を活用して，自分で学ん でいける方法です。ここでは，当該学年の教科書の問題に取り組んだ際の配 慮や支援について「かけ算」の例で紹介します。

　特別支援学級の教科指導では，個々の実態や障害特性等に配慮しながら， 授業のねらいを達成するために，**教材である教科書の内容を取捨選択したり， ルビを振ったりするなどカスタマイズすることが肝要**です。

単元名　「2けたをかけるかけ算の筆算」（3年生）
目標
・（2位数，3位数）×（2位数）の計算を筆算ですることができる。
・筆算のよさがわかり，進んで活用することができる。

「解き方ノート」（リマインダー）を活用する

「解き方ノート」は問題を解く時に，やり方を確認するために見るノートです。子供が自分で見て確認することで問題が解けるように，解き方のヒントとなることを書いておきます。

❶方眼用紙に「わかりやすい解き方」を書く

子どもによって作り方は異なっており，次のような方法があります。

A．教科書の解き方のまとめの部分をコピーして貼る。大事なところや引っ掛かりやすいところに色をつけたり，補足説明を書いたりする。

B．解き方の手順を書き，例を付ける。実際に問題を解きながら，必要な情報を付け加える。

❷用紙をバインダーに綴じる

用紙の端にインデックスラベルを付け，「かけ算」と書く。こうすることで，検索しやすくなる。

❸不足部分を付け加える

実際に問題を解きながら，間違いやすい点や気をつけるべき点を追加する。

【解き方ノートの例】
❶色分けで全体が見渡せる方法

①青を計算する。（実線）

②赤を計算する。（点線）

③全部をたす。（太線）

最初に計算するところを青で囲み，次に計算するところを赤で囲み，色分けをして，全体が一目でわかるようにしています。

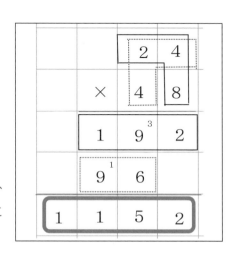

❷手順通り順番に進める方法

①かける数の一の位に○をする。

②かけられる数×○を計算する。

③上の段に答えを書く。

④かける数の十の位に□を書く。

⑤かけられる数×□を計算する。

⑥下の段に１マス空けて答えを書く。

⑦×○の答えと×□の答えをたす。

<table>
<tr><td></td><td></td><td>2</td><td>4</td></tr>
<tr><td>×</td><td>4</td><td>⑧</td><td></td></tr>
<tr><td></td><td>1</td><td>9</td><td>2</td></tr>
<tr><td></td><td>9</td><td>6</td><td>×</td></tr>
<tr><td>1</td><td>1</td><td>5</td><td>2</td></tr>
</table>

手順を順番に書いています。

　２位数×１位数ができることを活用した書き方になっています。

　96の隣の「×」が紛らわしい場合は，「０」とするなど，子どもにわかりやすい書き方にします。

計算シートの活用

　計算の仕方が書き込んであり，書いている通りに進めることで計算ができます。計算シートをたくさん印刷していつでも使えるように用意します。

　九九を唱えながら枠に書き，あとはたしていきます。初期の練習で活用したものですが，「解き方ノート」に綴じることで，やり方を確認することもできます。

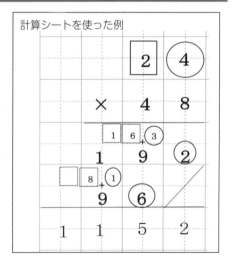

計算シートを使った例

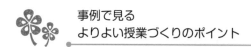

分解して計算した後にたす方法を使う（24×48の場合）

【二つに分解】

　24×8と24×40に分解し，答えをたします。「×0（かけるゼロ）」の時に右端に0だけ書くことで混乱する場合は，0を省略しないで書いてもよいことにします。

【四つに分解】

　4×8と20×8，4×40と20×40に分解し，答えをたします。

「こうすればできる」が大事だと伝える

　交流学級の友達と方法は違っていても大丈夫。「解き方ノート」などの活用によって自分でできることは，とてもいいことであると価値づけます。自分でできると，主体的に学習することができます。常時わからないことを先生に質問している人は，先生がそばにいない時には解けない人になりますが，「こうすればうまくいく」方法をもっている人は，自分で解くことができる人なのです。自分でできたことは，自信や自己肯定感を高めることにもつながるはずです。

ポイント

○ほかの人とやり方が違っていてもいいことを伝え，「自分はこうすればできる！」を実感させる。

○子供に合ったちょうどよい方法は必ずある。日頃から，どの方法がわかりやすいか試して比較し，子どもにとってよりよい方法を選択させることが大切。

4 知的障害特別支援学級
下学年の内容＋配慮・支援でつくる 算数の授業づくりポイント

（池田　康子）

何をどう学ぶか

　算数の学習は，数や計算，時計など，生活の中で生きて役立つものばかり です。だからこそ生活や学習に活かせるように学んでいきたいものです。

　ここでは，「かけ算九九」の学習を紹介します。下学年の学習をする子供 には，これまで数，たし算，ひき算と少しずつ積み上げてできることを増や してきた子供や，個別の指導が必要となり通常の学級在籍から転籍し，うま く定着できていない子供がいます。二つのタイプに共通して，通常の学級で 行っている唱える方法で取り組むことが難しいと考えられます。そのため， **「子どもにとってわかりやすい方法で」指導**することが大切です。

単元の考え方

　表1・表2のように，学習したことを繰り返し練習し忘れないための**帯単 元と新単元の二本立て**で学習することをおすすめします。

表1　年間単元計画例

帯単元	基礎学習プリント（基礎の計算，時計学習，図形など）			
新単元	たし算ひき算 の筆算	時刻と時間	かけ算九九	長方形と 正方形

表2　1時間の構成例

1．帯単元 （10分）	これまで学習してきた学習を忘れないために，たし算やひき算も含め，一人一人の学習状況に応じた問題に取り組みます。問題数はそれぞれ1，2問とし，新たに学習したことに更新して内容をレベルアップしていきます。
2．新単元 （35分）	年間単元計画にしたがって，新しい学習を進めていきます。

単元構成をする

❶算数全体の実態を把握する

「A数と計算」「B図形」等のそれぞれの領域でどの程度理解できているのか，技能を習得しているのかをチェックします。

（例）数と計算　・1年生の範囲の計算はできる。2とびや5とびがわかる。
　　　　　　　　・2年生のかけ算九九の2の段のみ一部唱えることができる。

　現況から，「かけ算九九」の学習を単元に入れる段階だと判断します。

❷単元目標を設定する

　学習指導要領の小学2年生の「かけ算」の目標を確認します。3年生より上の学年の子供の指導では，子供の実態を踏まえて，グッと絞った目標を設定します。

（例）・乗法の計算の意味を理解し，技能を身に付けることができる。
　　　・乗法が用いられる場面を式や具体物で表すことができる。

❸教材を準備する

●かけ算の意味を学習するための教材

　お皿9枚，おはじき1箱100個程度（クッキーに見立てる）。

●九九を覚える教材

　視覚的に学ぶのが得意な子供，聴覚的に学ぶのが得意な子供のどちらにも効果的な教材として，「かけ算シート」を使う方法があります。九九の答えの数字にジャンプ等で移動しながら九九を唱えます。

　答えの数字の隣には，　3×1　のように式を書いたカードを置きます。3の段では「さんいちが」「さん」で数字の「3」にジャンプします。「6」「9」……と進み，「27」がゴールになります。**式と答えを常に見て正しく唱えることができます。**

さんにがろく

両足ジャンプ
で移動

使い方

授業をしよう（35分間の授業の構成）

❶かけ算九九の実態把握をしよう

　これまで学習した九九を，「各段の式のプリント」（右図，Ａ４判）を見ながら唱えます。タイムを計り誤答がないか確認します。誤答はすぐに修正します。正答することを第一に，毎日継続する中で，上達できればよしとします。ここでは，15秒前後を目標に取り組みました。

3のだん
3×1＝
3×2＝
3×3＝
3×4＝
3×5＝
3×6＝
3×7＝
3×8＝
3×9＝

❷既習の九九でかけ算のお店屋さんごっこをしよう（2の段のお店の場合）

　かけ算の意味を確認する場になります。

・どのお皿にも同じ数，2個ずつ入れる。（同じ数ずつ増加の確認）

・Ｔ「いちごクッキーを12個ください」　Ｃ「2×6＝12。6皿，どうぞ」

❸今日取り組む段の練習をしよう

「かけ算シート」を使って（前ページ写真参照）練習します。

10回程度練習したら，唱えるテストにチャレンジします。子供がまだ自信がもてない時には練習を優先させます。

個に応じた支援の例

ろっく
6×9

・特殊な読み方が苦手な場合：ひらがなを振る。

・歌が好きな子供や歌を使って学ぶのが得意な子供の場合：歌を活用する。（多数 CD も出ているので，子供と聴いて選択するのがおすすめ。）歌に合わせて「かけ算シート」上をジャンプして進む。

・協調運動が苦手な場合：唱えてから移動する。または，「かけ算シート」のスタートに立ち，左右に「リズムをとりながら」唱える。

・「し」と「しち」と頻繁に間違えるほど音韻に課題のある子供の場合：「し」を「よん」，「しち」を「なな」のように本人がわかりやすい音に変える。例）「7×1＝7」（なないちがなな）

---

❹練習問題に挑戦しよう

学習した段の習熟のために，10マス計算用紙やかけ算の式を書いたプリントを用意しました。日付やタイムも記録します。毎日継続して取り組めて，自分の成長を感じることができます。

ポイント

○子供に合った方法や学びやすくなる支援を活用する。

○間違えさせない方法をとる。後から間違えて覚えたことを修正するのはとても難しい。

5 各教科等を合わせた指導
生活単元学習の授業づくりポイント

（イトケン太ロウ）

特別支援学級の顔「生活単元学習」

　各教科等を合わせた指導の「**生活単元学習**」とは，特別支援学校学習指導要領解説各教科等編（以下，特支学指要）では「**児童生徒が生活上の目標を達成したり，課題を解決したりするために，一連の活動を組織的・体験的に経験することによって，自立や社会参加のために必要な事柄を実際的・総合的に学習するもの**」として位置付けられています。

　特別支援学級の特徴的な教科といえる生活単元学習は，在籍する子供にとって身近なものであり，前向きに取り組める教科の一つです。生活単元学習には，調理や校外学習，お楽しみ会，季節の行事，宿泊学習の事前学習等，それぞれの学級には，伝統的に受け継がれているものもあれば，子供の実態や交流及び共同学習，行事との関連で新規につくるものもあります。

　教科ごとの時間数に縛られることなく，子供が実際の生活場面で体験的な活動を通して学んでいくことができる生活単元学習は，特別支援学級のカリキュラムにおいて，ポテンシャルの高い教科であるといえます。

6ステップでつくる生活単元学習

　生活単元学習の指導計画を作成するに当たり，特支学指要第4章第2節3(3)ウ(ア)～(カ)を踏まえた実践的な生活単元学習のつくり方について提案します。この6ステップを踏まえることで，要所を押さえた指導計画を作成することができます。それでは，筆者が実際に作成した授業を例に解説します。

生活単元学習をつくるための6ステップ

	作成のステップ	指導計画作成における考慮点のポイント
①	テーマを決める	⑴児童が期待，見通しがもてる
②	学習の内容や活動を構成する	⑺障害の状態や興味・関心を踏まえる
③	合わせる教科を決める	⒃各教科等に係る見方・考え方を活かす
④	合わせた教科の目標を決める	⑻指導目標を達成する
⑤	実態に合わせた支援を考える	⑴個々の実態に即した指導をする
⑥	般化につながる力を設定する	⑴現在や将来の生活に活かされる

(参考：特支学指要解説各教科等編第4章第2節3⑶ウ⑺〜⒃)

❶テーマを決める

学校の脇を流れる川に興味を示した子供が
いたことから，水源から河口まで調べる学習
を編成しました。実地踏査の段階で，水鳥や
野鳥，マンホールや道路標識など，子供の興
味次第では学習を広げていける要素がたくさ
んあることがわかりました。そこで，学習の
内容を様々な方向に派生させていけるような
含みをもたせて「なんでも探検隊〜○○川を
調べよう！〜」というテーマにしました。

❷学習の内容や活動を構成する

「水源から川の最後まで川沿いを全て歩き
きること」「公共機関（電車）の利用におけ
るマナーを意識する」「電子切符で精算する
こと」「川に架かる全ての橋で写真を撮り，
橋の名前を覚える」「撮影した写真をワーク

シートにまとめる」等，実地踏査を済ませた上で，日数や時数，学習や活動の大枠を考えていきます。

❸合わせる教科を決める

学習や活動の全体像が見えてきたところで，合わせる教科を決めていきます。この事例の場合は，集団での歩行は生活単元，公共機関利用のマナーは道徳，運賃等の計算は算数，ワークシートへのまとめは国語等，学習や活動が横断的に関連する教科を選別していきます。

❹合わせた教科の目標を決める

学習や活動から，それぞれの教科に沿った目標を決めていきます。「安全にまとまって歩くことができる」「電車の中で望ましいふるまいは何か考える」「運賃の合計からチャージする金額がわかる」「マスの中に字を書く」等，それぞれの教科における目標（評価基準）を決めていきます。

ここで留意したいのは，合わせた教科の全ての目標をもれなく一人一人評価するということではありません。子供の実態から目標の優先順位をつけて，その子供に生活単元学習の中で「何を学ばせたいか」を意識し，重みづけをして目標として設定することが大切です。

❺実態に合わせた支援を考える

基本は，どの子供も一斉指示で子供が理解し活動できることを目指します。そして，必要に応じてそれぞれの学習や活動の場面で，個別の支援を実行します。歩行場面では，「列における順番」「大人が手を引く」「券売機での見守り」等が考えられます。事前・事後学習の教科的な学習場面では，日頃国語や算数の時間に行われている支援を適宜行っていきます。

「一斉指示でできる」「声かけや促しでできる」「個別支援を受けてできる」「大人と一緒にできる」等，評価基準的な要素も併せて支援を考えると，支援の重点が浮かび上がり，さらに精度の高い支援をすることができます。

❻般化につながる力を設定する

　「般化につながる力」をいかに設定するかということが，生活単元学習の指導計画において最も大切なステップだと筆者は考えます。今回の事例の場合は，「約10kmを歩いた距離感覚」「川には水源と河口があることを知る」「適切に公共機関が利用できる」等のことを「般化につながる力」として設定できると思います。支援の出口を見据えた授業づくりが指導計画作成の肝です。

まとめ

　特別支援学級の子供の多くは，高校を卒業した段階で就労という大きな節目を迎えます。「身に付けた指導内容が現在や将来の生活に生かされるようにする」と特支学指要にもあるように，今回の**学習で身に付ける力は「実生活のどこの場面で必要か」「将来の自立においていかに役立つか」ということをより明確に意識する**必要があります。そうした視点で授業や活動を企画立案することが，将来の自立へのアシストとなります。

　将来の自立をねらい，思わず取り組んでしまいたくなるような生活単元学習の授業を，子供たちは今も待ち望んでいます。

ポイント

○生活単元学習は，特別支援学級における授業の「顔」と誇る。
○実践的な指導計画を作成するには，「6ステップ」（P.95）を踏むとよい。
○学習と生活と将来をつなげる「般化」を，より具体的にイメージする。

【参考文献】
・高倉誠一監修　山田貴之・西岡ゆき子編著『特別支援教育　学級で取り組む生活単元学習』ケーアンドエイチ

6 各教科等を合わせた指導
作業学習の授業づくりポイント

（鈴木　日菜）

作業学習とは

　作業学習は，作業活動を学習の中心とし，子供たちの働く意欲を培いながら，将来の職業生活や社会自立に向けて基盤となる資質能力を育むことが重要とされています。実際の授業では，製作やサービスの提供等を通じて，報酬を得る体験をすることで，将来の就労のイメージを培っていきます。

　しかし，生産から消費の流れを体験することに留まってしまうと，お店屋さんごっこになってしまいます。そのため，**製品やサービス等の利用価値が高く，社会的貢献度が理解されやすいものとなっているか，子供たちが働く喜びや達成感を感じられる内容となっているか**等をよく検討した授業づくりをする必要があると考えます。

　これらを踏まえ，今回は縫製を題材に扱った作業学習での実践例を交え，作業学習の授業において，子供たちに伝えたいことを紹介します。

作業学習の授業において子供たちに伝えたいこと

❶職業生活にふさわしい"態度"と"タイミング"

　将来の職業生活では，挨拶，返事，「報連相」などのコミュニケーションが欠かせません。実際に作業学習を行っていると，聞こえない声量での返事，失敗を隠して報告できない，困難があるのに相談ができないなどの課題を抱える子供が多いように感じます。

　こうしたコミュニケーションに関する課題は，ただやるのではなく，**どの**

ような"態度"でどういう"タイミング"で行うか伝えることを重視し，働く時に大切な二つの"たい"として言葉掛けや提示をしています。

授業のはじめには，全員で黒板に掲示された作業目標を音読し，心構えの確認を行います。働く時の"態度"を確認するとともに，自分から声を出す習慣を身に付けることにもつながっています。

ファブリック・サービス社の作業目標
壱，安全に気を付けよう
弐，落ち着いて作業に取り組もう
参，後片付けもしっかり取り組もう
四，真心込めて製品を作ろう

作業活動中は，与えられた製作課題に取り組み，適切な"タイミング"を考えて「報連相」を行うよう指導しています。下の写真は，報告に課題がある子供の支援例です。作業工程を札で示し，工程間に縦線を引くことで，報告の"タイミング"を視覚的に提示しています。

また，作業学習は作品づくりではなく，自分が作った製品を売って報酬を得るという視点が大切だと考えています。そのため，報告の際には，**自分が納得する精度ではなく，社会的に必要とされる精度に到達しているかを基準とした報告**を促しています。

この他，失敗や不安がある時の相談は，すぐに教師の近くに来ることからはじめ，徐々に言葉で支援を求められるよう段階的に指導しています。

❷自分のことは"自己管理"する

自分で作業の進捗を把握し，見通しをもって活動に取り組むことは，将来の職業生活や社会自立にも役立つと考えています。そのため，前述の報告と合わせて，終了した工程は札の向きを変えることで，**自分の作業の進捗を視覚的に確認できるように工夫**しています。発達段階によっては，札を取り外し，札がなくなるまで作業活動を行うようにしている子供もいます。

この他にも，仕事内容を自分で管理できるようメモをとるワークシートを

用意したり，使用する道具や製作途中のものを保管する個人の棚を用意したりと，自己管理の徹底を目指しています。また，保護者と連携して月末に給料日を設定し，個々が報酬を受け取る経験など，社会自立に向けて実践的な活動を取り入れるように心掛けています。

❸ "やってみたい" と意欲的に挑戦する

　作業活動をしていると「先輩が作っている○○を作ってみたい」という発言をよく耳にします。作業学習では，分業制による協働を重視する場合もあると思います。しかし，経験しなければいつまでも困難ですし，なにより生徒が「自分で作ってみたい」と発言する意欲を優先し，いくつか一人で全工程を担当する製品を用意しています。**"やってみたい" と意欲的に挑戦した結果，喜びや完成の成就感を感じられる**よう，実際の授業で行っている段階的な課題設定を紹介します。

　裁断の活動では，実態に応じて通常より１cm程度大きい型紙を用意し，裁断に挑戦させるようにします。これまで担当できなかった裁断を担当できる喜びや責任感から，非常に丁寧に取り組む様子が見られます。徐々に型紙を小さくすることで，最終的には通常の型紙を扱えるようになりました。

　縫い線の型紙は，着色位置に合わせて色をつけたもの，始点終点のみを記入したもの，型だけのものを用意しています。**同じ活動でも段階的に課題を設定**することで，「難しい型を使えるようになりたい」と意欲的に努力する姿が見られます。

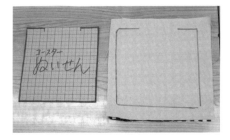

❹他者を意識し，"感謝する心"

　協働する仲間やお客様はありがたい存在だと "感謝する心" を育むことは，将来の職業生活や社会自立において重要だと考えます。そのため，協働の場面やお客様と接する機会を設定しています。

　製作工程の多い製品の製作は，完成までに時間が掛かり，見通しをもちにくいため，協働での製作としています。分担と納期を指定し，その後の組立作業がいつから始まるか明示することで，自分の後を引き継ぐ仲間がいること，一人ではできない仕事があることを経験し，他者を意識するきっかけにしたいと考えています。実際に，「仕上がりまでの時間が短くなる」「自分が複雑な製品の製作に携わることができる」など，**子供自身が協働のメリットを感じている**様子が見られます。

　また，製品を直接販売する機会を設けています。販売に向けた準備では，**子供主体で「お客様が喜ぶ」という視点で製品の選定やデザインの決定**をしています。自分たちの考案した製品が売れていく達成感は大きく，お客様に自然と感謝の言葉を伝える姿が見られます。

ポイント

○職業生活にふさわしい "態度" と "タイミング" を明示する。

○自分のことは "自己管理" する実践的な活動を行う。

○ "やってみたい" と意欲的に挑戦できる段階的な課題設定をする。

○他者を意識し，"感謝する心" を育む機会を設定する。

7 交流及び共同学習への フォローポイント

（倉橋　雅）　**知的障害特別支援学級**

交流及び共同学習を行う上で大事な指針

　「インクルーシブ教育」という言葉は，今では当たり前に使われていますが，私たちはどこまで理解しているのでしょう。文部科学省のサイトを検索すると，「インクルーシブ教育」に関連した重要な指針がいくつも出てきます。

○4　共に学ぶことについて

○基本的な方向性としては，障害のある子どもと障害のない子どもが，できるだけ同じ場で共に学ぶことを目指すべきである。その場合には，それぞれの子どもが，**授業内容が分かり学習活動に参加している実感・達成感を持ちながら**，充実した時間を過ごしつつ，生きる力を身に付けていけるかどうか，これが最も本質的な視点であり，そのための環境整備が必要である。

　　［共生社会の形成に向けたインクルーシブ教育システム構築のための特別支援教育の推進（報告）平成24年7月　初等中等教育分科会］（網かけは筆者による）

③小中学校における障害のある児童生徒の学びの充実

○（前略）また，教科学習についても，児童生徒の障害の程度等を踏まえ，共同で実施することが可能なものについては，年間指導計画等に位置付けて，**年間を通じて計画的に実施する**ことが必要である。（後略）

　　［「令和の日本型学校教育」の構築を目指して～全ての子供たちの可能性を引き出す，個別最適な学びと，協働的な学びの実現～（答申）P.61　令和3年1月　中央教育審議会］（網かけは筆者による）

これらの指針にあるように，**「授業内容が分かり学習活動に参加している実感・達成感を持ち」「年間を通じて計画的に実施する」**ことは，交流及び共同学習を行う上でとても大切です。

交流及び共同学習で参加している実感・達成感をもつために

知的な遅れがある子供にとって，当該学年の学習内容を通常の学級の子供と同じように理解することは，なかなか難しいことです。知的障害特別支援学級の子供が，交流及び共同学習で「学習活動に参加している実感・達成感をもつ」ために考えられる支援とは，どのようなことでしょうか。

❶支援を行う前に

まずは，「何のために」「どのような力をつけさせるために」
交流及び共同学習を行うのかを整理し，明確にすることが必要
です。そのためには，担当する子供の細やかな実態把握が不可欠です。

実態把握の結果から，例えば，「たくさんの友達と一緒に声を合わせて音読をする経験をさせたい」「授業中の小交流や話合い活動で，自分の意見を友達に伝える力をつけさせたい」「いろいろな友達の発表を聞いて考えを広げたり学びを深めたりさせたい」など，それぞれの子供に合った「ねらい」（目標）が出てきます。

❷支援を考える

実態把握を基にそれぞれの子供に合わせた目標を決め，その達成のための具体的な支援を考えていきます。子供はいつもと違う教室や環境で学習することになるため，交流及び共同学習の時間だけでなく，事前指導と事後指導も含めて考える必要があります。

筆者は，それらの目標を個別の指導計画に組み込み，**特別支援学級での学習（事前指導・事後指導・補足説明）と交流及び共同学級での学習（実践）**

の双方向から学習内容にアプローチするように年間を通して計画するようにしています。そして，子供がより参加している実感・達成感をもてるように，合理的配慮を行いながら交流及び共同学習を進めました。合理的配慮については，**国立特別支援教育総合研究所の「インクルDB」**に実践事例が多数掲載されていますので，参考にするとよいと思います。

国語の交流及び共同学習における支援

　知的障害の子供が当該学年の学習に参加する場合，大きな課題は教科書にたくさん書かれた文章と漢字です。国語の授業に参加すると，文章を読むことや，目で追うことだけで精一杯になり，内容理解まで至らず，学習意欲が徐々に低下していく……。という様子は，容易に想像できるのではないでしょうか。

　その場合の支援として，特別支援学級で文章を読んで内容理解をする学習を行った上で参加する，事前に教科書の内容の中で大切な箇所に色をつける，漢字にルビを振る，教科書の内容を要約したり平易な表現に言い換えたりした**「リライト教材」**を用いる，などが考えられます。支援を考える時の基準・手がかりは，前述の「何のために」「どのような力をつけさせるのか」です。目標達成に向けた支援が，全体の場で発表したり小グループの話し合いで話題についていくことができたりする行動となり，学習に参加している実感や自己有用感，自己肯定感の向上につながっていきます。

　また，事前に子供に対して交流及び共同学習の時間内に取り組むことと学級に戻ってから取り組むことを整理して伝えることは，見通しをもち落ち着いて学習に参加することにつながります。

算数の交流及び共同学習における支援

「Ａ数の計算」の四則計算などは，算数の基礎となるため，特別支援学級で反復練習をすることで定着を図ることになります。算数の学習に参加する場合は，「Ｂ図形」「Ｃ変化と関係」の領域で，特に配慮が必要になります。

子供の実態によっては，割り切って問題文の意図や内容は教えてしまうことも一つの方法です。問題文は事前学習やその場でかみ砕いて説明し，考える事柄を整理して伝えることで，子供はその時間のゴールがわかり課題に主体的に取り組むことができるようになります。ゴールがわかることは同時に，全体発表の場や小交流の場で「何を話せばよいか」「友達は何について話しているのか」の理解に結びつき，一緒に学ぶ実感をもつことにつながります。

算数の学習は既習と積み重ねが大切になります。公式やこれまで学習した考え方をノートや別紙にまとめていつでも見られるようにすることで，課題を解くきっかけとなり安心して交流及び共同学習に臨む上での「お守り」にもなります。その繰り返しが生きた力にもつながっていきます。

また，国語と算数に共通する力として，板書があります。話を聞きながら書くという同時処理が難しい子供もいますので，普段の授業からノートに書き写す練習をしたりノートを構造化して書く場所や内容をパターン化したりすることは有効な手立てです。

ポイント

◎交流及び共同学習を行う上で，「授業内容がわかり学習内容に参加している実感・達成感をもつ」「年間を通じて計画的に実施する」ことが重要。

【交流及び共同学習に参加するためのポイントは……】

○「何のために」「どのような力をつけさせるのか」を整理し明確にする。

○国語は，事前に教科書の内容理解や漢字のルビ振り，リライト教材などを活用すると，授業に参加している実感につながる。

○算数は，既習事項をまとめたものを準備すると課題に取り組みやすく，交流及び共同学習での安心感につながる。

8 交流及び共同学習への フォローポイント
自閉症・情緒障害特別支援学級

（後藤　清美）

交流及び共同学習の計画は５Ｗ１Ｈの視点で

　自閉症・情緒障害特別支援学級（以下：自情学級）では，主として知的障害のない自閉症の子供が在籍しており，将来の自立と社会参加を考えると，通常の学級との交流及び共同学習はとても大切な場であると感じています。しかし，子供によって，障害の状況や興味・関心，発達段階等が異なり，交流及び共同学習を行うことは容易ではありません。個々の子供に合わせた「なぜ交流及び共同学習を行うのか」という目的を明確にして，**いつ，どこで，何を（教科や活動），誰と，どのように**行うのかを本人，保護者と相談しながら決定することが望ましく，実施後もよりよい活動となるよう修正していきます。また，**中学や高校への進学や就労等の将来を視野に入れた，長期的な計画**も必要になります。自情学級の中には，交流及び共同学習に対して抵抗のある子供もいるため，無理のないようにスモールステップで計画を進め，成功体験を積んでいくことが大切です。

目的や課題に合わせたフォローポイント

　ここでは，子供のタイプを例に挙げながら，交流及び共同学習の目的とフォローポイントを紹介します。

❶交流及び共同学習に抵抗がなく，当該学年の学びに前向きな子供
【目的】集団で学ぶ際の学習規律や状況を理解する力を身に付ける。

自情学級と通常の学級との違いの一つに，少人数か集団かというところがあります。少人数では許容できる自由発言も，集団で学ぶとなるとそうはいきません。挙手をして指されてから発言することや，言いたくても指名されないことがあること，体験活動や丸つけの順番を待つこと，グループでの話し合いでは譲り合って意見を述べることなど，暗黙のルールがあります。

　そのような学習規律を身に付けていくことを目的とする場合，まずは本人の得意とする教科や興味のある教科を中心に，できるだけ多くの交流の時間を設定し，経験を通じて学んでいけるようにします。また，自情学級での授業でも挙手して指されてから発言するなどの規律を徹底したり，事前に場面絵カード等を用いて「こんな時どうする？」と考えさせ望ましい行動のイメージをもたせたりするようにします。

　さらに，**交流及び共同学習中にふさわしくない言動が見られた時には，自立活動の時間等でその状況を振り返り，本人の思いや周囲が感じたこと，どうすることが望ましいかを話し合い，次に活かします。**

❷コミュニケーションは十分とれるが，学習面で課題がある子供

【目的】同年代の子供との関わりの幅を広げる。

　自情学級に在籍する子供は，知的障害がなくても学び方に課題があることも多く，その課題に配慮しながら個に応じて指導していく必要があります。しかし，他者と関わることに積極的な子供の場合には，適宜学習のフォローをしながら交流の時間を多く確保したいところです。

　そのため，教科は図工や音楽，体育等の実技教科をはじめ，本人の得意な教科や興味のある教科を設定し，必要に応じて予習復習をします。また，書字に課題がある場合には，ノートテイクや作文の時にICTを活用できるように自情学級で使い方の練習をすると同時に，交流学級の担任やクラスメイトに理解を促します。言葉でのやりとりや理解が難しい場合には，できる限り担任や支援員が付き添い，要点をメモして提示したり，易しい言葉で言い直したりして，スムーズに活動できるように支援します。担任や支援員が付

き添えないこともあると考えると，交流学級の子供と助け合えるように，はじめに担任が介入して交流学級の子供との関係性を構築できるよう働きかけます。ただし，**自情学級の子供が常に面倒を見てもらう立場ではなく互いに支え合う関係になるよう配慮**することが大切です。

　さらに，休み時間やお楽しみ会等で一緒に遊ぶ機会を設け，経験を通じて他者との円滑なコミュニケーションを体得していけるよう支援します。

❸交流及び共同学習に後ろ向きな子供

【目的】交流及び共同学習への心理的抵抗を減らす。

　これまでの経験から学習やコミュニケーションに自信がなく，通常の学級で活動することに後ろ向きな子供には，教科を厳選しスモールステップで計画していきます。例えば，図工は優劣がつきにくく，ある程度自分のペースで取り組むことができる上，多少離席しても目立つことはありません。音楽は，合唱や合奏のように，みんなでハーモニーを奏でるよさがあり，体育の鬼遊びやボールゲームは，大人数だからこそ楽しく活動できます。

　このような**教科の特徴を活かして，本人が参加できそうな活動を計画**します。最初のうちは一部の活動だけ参加したり，離れたところから見学したりすることもあります。交流中に，本人が自情学級に戻りたいと申し出てきた時には，その時間まで交流できたことを褒め，その申し出を受け入れます。さらに，交流する前に，通常の学級の担任や教科担当の先生と個別に時間を設け信頼関係を築くことも時には必要です。

❹感覚の過敏さや不安が強く日常的に交流及び共同学習が行えない子供

【目的】同じ学校の一員であることを実感する。

　感覚の過敏さがあり大人数の学級に入れない子供や，不安が強く交流することが難しい子供に，無理に交流及び共同学習を設定することはできません。ただ，儀式的行事をはじめ，運動会や学習発表会，遠足や社会科見学など，学校・学年行事には参加できる方法を検討します。

例えば，運動会では用具係として担任と一緒に活動する，学習発表会では事前に音声や動画を用意して本番で流す，社会科見学に保護者と一緒に参加する，儀式的行事や教科の授業をリモートでつなぐ等，様々な参加の形が考えられます。**子供が学校の一員であることを実感し，参加できたという達成感を得られるよう柔軟に対応**していきます。

学校全体としての取り組みという意識を

　交流及び共同学習の成功のカギは，教員間の連携に尽きます。交流学級の担任や教科担当の先生と交流する子供の様子を情報共有することはもちろんですが，**学校全体として特別支援教育への理解を深め，交流及び共同学習の意義や計画を共有**することも大切です。実際，時間割の調整や評価方法，支援員の配置等，校内の体制づくりも必要です。

　また，通常の学級の子供及び保護者への理解啓発も欠かせません。学校だよりや保護者会で，学校長から自情学級や交流及び共同学習の紹介をしたり，交流学級で自情学級の担任から説明をしたりすることも有効です。逆に，通常の学級の子供が，どのように接したらよいか戸惑うこともあります。自情学級の子供を特別扱いするのではなく，**"互いを理解し，共に生きていく"ために，その戸惑いや疑問に耳を傾け，担任も一緒に解決していこうとする姿勢**が大切です。

ポイント

〇交流する子供の実態を把握して，個々の目的を明確にする。
〇教科や活動の特徴を活かし，５Ｗ１Ｈの視点で検討する。
〇本人，保護者，交流学級の担任，自情学級の担任と協議し決定する。
〇交流学級の子供の声にも耳を傾ける。

第4章

自立活動の
授業づくりのポイント

実態把握→課題の整理→指導目標の設定……
と，自立活動の指導は，特別支援学校学習指
導要領の「流れ図」に沿って計画を立て，実
施していきます。

1 実態（学習上及び 生活上の困難）の把握

（増田謙太郎）

実態把握の方法

子供の実態把握の方法としては，以下のようなものが考えられます。

①子供の様子の観察

担任教師は子供と日々関わる中で，いろいろな子供の様子を目の当たりにします。

- 授業中の態度はどのような感じか。
- 話す，聞く，読む，書くといった活動はどのくらいできるか。
- 学校で，教師や友達とどのように関わっているか。

実態把握のためには，子供をよく観察することが大切です。しかし，教師が「観察している」という雰囲気は，子供にプレッシャーがかかります。なるべく**自然な状況で子供の様子を観察できるようにする**とよいでしょう。

②他の教師や保護者からの情報

一人の教師が行うより，なるべく**複数の教師で子供の様子を観察**した方が，より確かな情報になります。また，**保護者からの情報**を活用することも，より確かな実態把握につながっていきます。

③子供の成果物から

学校では，子供が学習活動を行っていく中で，いろいろアウトプットをし

ていきます。そのような成果物には作文，絵，観察カード等があります。例えば「どのくらい書くことができるのか」という実態把握には，その子供が書いた作文を見れば一目瞭然です。

④チェックリスト

　実態把握のための様々なチェックリストが自治体や研究機関等で開発されていて，インターネットで入手することもできます。チェックリストを使用すると，全体的な子供の実態把握を行うことができるようになります。

具体的な事例（小学校2年生のハナコさん）

　ハナコさんは，見たことや聞いたことにすぐ反応してしまい，その時に思ったことを周囲の状況に関係なく口にしてしまうことが多いです。そのため，思いがけず授業を中断させてしまったり，発言が原因で相手を嫌な気持ちにさせてしまったりすることがあります。

【授業の様子からの情報】

　教師や友達が話している最中も，意識がそれてよそ見や手遊びをしている様子が見られました。一度，観察中に友達と険悪な雰囲気になってしまったことがありましたが，その時も自分の気持ちをうまく伝えるのが難しい様子が見られました。

【保護者との面談からの情報】

　自分の思い通りにならないと，それを受け入れることができず，大声で泣いてしまうこともあるという話を，保護者の方から聞きました。

　保護者はハナコさんの行動についてとても心配しています。一方で，なるべくハナコさんのよいところを伸ばして育てていきたいというお考えです。

2 課題の整理

（増田謙太郎）

自立活動の6区分を基に課題を整理する

「自立活動」には，以下の六つの区分があります。

- ・健康の保持
- ・環境の把握
- ・心理的な安定
- ・身体の動き
- ・人間関係の形成
- ・コミュニケーション

この6区分は，「すべてまんべんなく指導しなければならないもの」ではありません。子供の実態に応じたピンポイントの指導を行うためのカテゴリーだと考えるとよいでしょう。つまり，この6区分は，**実態把握から課題を整理するためのカテゴリー分け**に使うことができるのです。

子供の実態把握で得た情報を基に，この自立活動の6区分で仮説を立てて，分類をします。例えば，子供の実態把握で得た情報が，子供の健康面に関係しそうだという仮説が立てば，「健康の保持」に分類します。子供の心理面に関係しそうだという仮説が立てば，「心理的な安定」に分類します。

具体的な事例（小学校2年生のハナコさん）

まず，ハナコさんの実態把握で得た情報の中から，改善のための優先順位が高そうなものを，三つ選んでみました。

---

①見たことや聞いたことにすぐ反応してしまい，その時に思ったことを
　周囲の状況に関係なく口にしてしまう。
②教師や友達が話している最中も，意識がそれてよそ見や手遊びをして
　いる様子が見られる。
③自分の気持ちをうまく伝えるのが難しい。

　この①から③の課題を，6区分を基にして分類して整理してみます。この時のポイントは，「そのような実態になる原因は何か」という仮説を立てることです。

　①は，周囲の状況（環境）の読み取りの困難ではないかという仮説を立てました。したがって「**環境の把握**」に分類します。

　②は，他者が話をしているという状況への注意持続が難しいのではないかという仮説を立てました。したがって，「**環境の把握**」に分類します。

　③は，気持ちを伝える言葉を活用できないのではないかという仮説を立てました。したがって「**コミュニケーション**」に分類します。

　このように分類すると，ハナコさんの実態は「**環境の把握**」と「**コミュニケーション**」の二つの区分に整理することができました。

　この分類は，あくまでも教師による仮説の段階ですので，さらに実態把握を進めて，仮説を修正していくことも重要です。

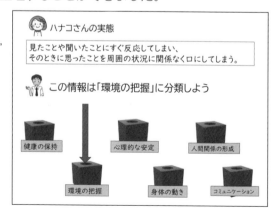

3 指導目標の設定

(増田謙太郎)

指導目標には長期と短期がある

子供の**実態把握が整理できたら，次に指導目標の設定**を行います。

指導目標には，目標を達成するための期間を基にして，長期目標と短期目標の二つがあります。長期目標は，達成するのに1年からそれ以上かかると思われる目標です。したがって，やや抽象的な表現になります。

一方の短期目標は，学期ごとや単元ごとの期間の目標です。したがって，短期目標は具体的な表現にしていきます。

焦点化するのか，相互に関連させるのか

自立活動の目標設定の場合，6区分に整理した課題に基づく目標を設定します。その際に，どれか一つの区分に**「焦点化する」方法**と，複数の区分を**「相互に関連させる」方法**があります。

例えば「今学期は『健康の保持』に絞って取り組む」のような目標設定は「焦点化する」方法です。これは課題が自立活動の区分に明確に合致する子供にとって有効です。

一方「この子供には『健康の保持』と『心理的な安定』の二つを関連させて，学習活動の中で指導をしていこう」のように，二つ以上の区分を関連させた目標設定は「相互に関連させる」方法です。

具体的な事例（小学校２年生のハナコさん）

　ハナコさんは，「**環境の把握**」として「周囲の状況（環境）の読み取りの困難」「他者が話をしているという状況への注意持続が難しい」，「**コミュニケーション**」として「気持ちを伝える言葉を活用できない」というように課題を整理したところでした。

　ハナコさんの場合は，課題が二つの区分にまたがっていますので，「相互に関連させる」方法が有効だと考えられます。つまり，「**環境の把握**」と「**コミュニケーション**」を相互に関連させた指導目標を設定するということになります。

　まず，長期目標として「**周囲の状況に合わせて，友達や教師とコミュニケーションをとることができる**」という目標を考えました。これは数回の授業で達成できるようなものではありません。長期的にハナコさんに達成していってほしいという願いが込められた目標です。

　この長期目標を達成することができるように，今学期のうちに達成できそうな短期目標を二つ考えました。

　１点目の短期目標は「**他の友達が何をしているのかに気づくことができる**」です。そして２点目の短期目標は「**友達や教師に対して感じたことを言葉で伝えることができる**」です。

　この二つは，長期目標に比べてだいぶ具体化された表現になっています。そのため実際にどの授業でも取り組んでいくことができると思います。

環境の把握	・周囲の状況（環境）の読み取りの困難
	・他者が話をしているという状況への注意持続が難しい

コミュニケーション	・気持ちを伝える言葉を活用できない

<u>相互に関連させて、目標設定する</u>

<u>指導目標</u>

【長期目標】周囲の状況に合わせて、友だちや教師とコミュニケーションをとることができる
【短期目標】①他の友だちが何をしているのかに気づくことができる
　　　　　　②友だちや教師に対して感じたことを言葉で伝えることができる

---

4 指導内容の設定

（増田謙太郎）

指導内容を探すのは至難の業?!

　自立活動における**目標設定ができると，いよいよ指導内容を具体化してい****く作業**になります。

　ここで，「どのような学習内容を行えばよいか」ということに悩む先生も多いと思われます。それもそのはずで，自立活動では「この活動をやればよい」という教科書のようなものは存在しないからです。設定した自立活動の目標にぴったり合う学習活動を探すのはベテランの先生でも至難の業です。

「既存の学習活動」を基にして考える

　「どのような学習内容を行えばよいか」という考え方を変えてみましょう。

　すでに学校で行われている「既存の学習活動」を基にして，子供に合わせた自立活動の指導内容を考える方が，実は合理的なのです。

　例えば，行事に向けた共同制作のような活動は，学校でよく行われています。共同制作ですから，作業自体はみんな一緒です。みんなが同じ学習活動をするように見えます。

　しかし，自立活動の視点では，「みんなで同じものを作る」という活動でも，一人一人に応じた自立活動を設定していくことができます。例えば，集中することが困難な子供であれば，「集中して○○を作る」という自立活動の指導内容になります。友達と協力することが困難な子供であれば，「友達と協力して○○を作る」という自立活動の指導内容になります。

つまり，**同じ学習活動でも，子供の目標によって取り組み方を変える**ということです。このようにすれば**既存の学習活動でも，自立活動の指導は可能**になります。

具体的な事例（小学校2年生のハナコさん）

ハナコさんの特別支援学級では，毎月，子供たちの「お誕生日会」を行っています。このお誕生日会に向けて，数日前から準備として，子供たちが「飾りづくり」の活動を行っています。

ここでは，すでに学級で行われている「飾りづくり」の活動を，ハナコさんの自立活動の指導内容として考えてみます。

「飾りづくり」は他の友達と一緒に行う活動です。ハナコさんの短期目標には「他の友達が何をしているのかに気づくことができる」というものがありました。この目標は「飾りづくり」の活動の中で行うことができそうです。

例えば，ところどころでハナコさんに，「**友達はどうやって作っているのか見てごらん**」というように声かけすることが考えられます。そのような手立てが，ハナコさんの目標達成につながっていきます。

このようにしていくと，既存の学習活動でも自立活動の指導は十分に行うことができるようになります。

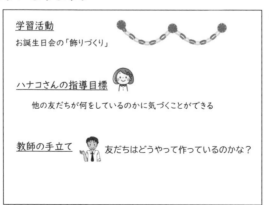

5 指導計画の作成

（増田謙太郎）

「個別の指導計画」の作成

　特別支援学級では，子供一人一人に対して「個別の指導計画」を作成します。

　これまで見てきたように，どのような自立活動の指導が必要なのかは，子供一人一人によって異なります。したがって，その**子供に必要な自立活動については，「個別の指導計画」に明記**するようにします。

　「個別の指導計画」には「自立活動」の欄を設けて，自立活動の指導目標や手立て等について記述をします。

　そしてもう一つ重要なのは，**各教科や生活単元学習などの欄においても，自立活動の視点を取り入れて記述する**ことです。なぜなら，自立活動は，全ての教育活動を通して行うものであるからです。

　「個別の指導計画」の自立活動の記述の仕方については，これまで見てきたような**「実態の把握→課題の整理→指導目標の設定→指導内容の設定」という手順を踏む**とスムーズに書けるようになります。

　「個別の指導計画」の様式は，それぞれの学校によって定められていますが，多くの様式では，「子供の様子（子供の実態）」「目標」「手立て（指導内容や指導方法）」を記載する欄が設けられています。つまり，「実態の把握→課題の整理→指導目標の設定→指導内容の設定」という手順と，多くの「個別の指導計画」は対応しているのです。

「年間指導計画」の作成

通常の学級では，教科の学習において「年間指導計画」が作成されています。これにより，例えば４月の国語科ではどのような学習を行うのか，ということが明確になるわけです。当然，特別支援学級でも，それぞれの教科ごとに「年間指導計画」を作成することが重要です。自立活動も授業時数を設定して行う場合には，「いつ」「どのような」学習活動を行うのかを明示した年間指導計画を作成する必要があります。

具体的な事例（小学校２年生のハナコさん）

ハナコさんは特別支援学級に在籍していますので，「個別の指導計画」を作成することが必要です。「個別の指導計画」に自立活動の欄を作成し，先ほど設定した目標や手立て等を記載していきます。

ハナコさんの個別指導計画　自立活動の欄の記載例

目標	他の友達が何をしているのかに気づくことができる。
手立て	お誕生日会の「飾りづくり」の活動において，友達の作っている様子に注目できるように声かけする。

ハナコさんの在籍する特別支援学級では，自立活動の時間を設けていますので，自立活動の年間指導計画も作成します。ハナコさんの自立活動の時間は，お誕生日会の「飾りづくり」のような共同制作の活動を行っています。

年間指導計画では，何月に何の共同制作を行うのかということを明らかにするとともに，ハナコさんを含めたそれぞれの子供の自立活動の内容を記載するとよいでしょう。

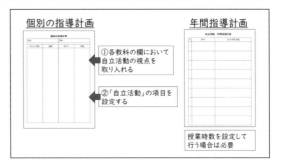

6 指導の実際
自立活動の時間の指導

（増田謙太郎）

実際の指導のポイント

　「指導の内容の設定」でも触れましたが，自立活動においては，「何をしたらよいのか」ということで困っている先生方が多いです。

　自立活動の指導は「子供が何の学習活動をするのか」という学習の内容面（ここでは「**コンテンツ**」と呼ぶことにします）よりも，「どのようにその学習活動に取り組むのか」という学習の方法面（ここでは「**プロセス**」と呼ぶことにします）を意識した方がよいでしょう。

　例えば，何かプリントに書かれている問題を解くという「プリント学習」をAさんとBさんが行う学習活動の場面を想定してみましょう。「プリント学習」は，「子供が何の学習活動をするのか」ですので，**コンテンツ**であるといえます。

　そのコンテンツに対して「どのようにその活動に取り組むのか」という**プロセス**を考えることが，自立活動の視点です。

　例えば，Aさんは時間を計りながら取り組むと意欲が高まるという特性があるので，プロセスとして「タイムを計りながら」プリント学習に取り組むことにします。Bさんは，教室の環境によって集中力が左右されるという特性があるので，プロセスとして「静かな場所で」プリント学習に取り組むことにします。

　Aさんの「タイムを計りながら」というプロセスと，Bさんの「静かな場所で」というプロセスは，それぞれの子供の自立活動とつながります。自立活動の6区分でいえば，Aさんは意欲に関することなので「心理的な安定」，

122

Bさんは自分の学習環境に関することなので「環境の把握」の指導を行っているといえます。

　つまり，**同じコンテンツでも，それぞれの子供の実態に基づいたプロセスで指導を工夫していくと，自立活動の指導になっていくのです。**

　そのように考えると，自立活動の指導では，コンテンツを重視するよりは，プロセスを子供の実態に応じて考えていくことの重要性がわかります。

具体的な事例（小学校２年生のハナコさんのグループ）

　ハナコさんのグループは，シノブさん（３年生男子）と，ジロウさん（４年生男子）の３名のグループです。このグループでは，「飾りづくり」の活動を中心として，それぞれの子供に必要な自立活動の指導を行うように工夫しています。「飾りづくり」が**コンテンツ**に当たります。

　シノブさんは，「見通しをもって落ち着いて取り組む」ことが指導目標です。そのため，作業量の見通しをもちながら飾りづくりを行うような手立てをとっています。これがシノブさんのプロセスです。

　ジロウさんは，「下級生に対して優しい言葉かけをしながら取り組む」ことが指導目標です。そのため，たまにハナコさんやシノブさんに，どこまでできたかを尋ねる手立てをとっています。これがジロウさんのプロセスです。

　つまり，「飾りづくり」という同じコンテンツを３名一緒に行っていますが，それぞれ「飾りづくり」に向かうプロセスは異なっています。そのプロセスが自立活動です。

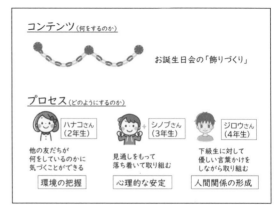

7 指導の実際 教科の授業の中での配慮

（増田謙太郎）

「文字の書けない子供」が国語科の授業に参加するには

　子供の障害による困難は，教科の授業に参加しにくくなるバリアとなることがあります。

　例えば，文字を書くことができない子供にとって，国語科で経験したことを作文に表すという授業には，参加しにくくなるバリアがあるといえます。

　もちろん，その子供にとって文字を書けるようにしていく指導は必要です。しかし，おそらく一朝一夕に文字を書けるようになることは難しいでしょう。文字が書けない子供に対して「作文の授業が明日あるから，明日までに文字を書けるようにしておいで」と要求することは，現実的ではありません。

　したがって，この子供にとっては，**国語科の作文の授業に参加しやすくなるような配慮，バリアがなくなるような配慮が必要**となります。これが**合理的配慮の視点**です。

　例えば，口頭で話したことを教師が文字で書いてあげたり，あるいはパソコンのキーボードを使って文字入力したりすることなどが考えられます。そうすれば，文字が書けない子供も，作文の授業に参加しやすくなります。「文字を書けないと作文の授業に参加できない」というバリアが解消されます。

自立活動と合理的配慮

　子供は授業に参加できなければ，その授業で学ぶべきことを学べません。

授業で何かを学ぶことができるようにするためには，まず授業に参加できるようにすることを考えなければならないのです。

　「自立活動」は，子供の障害による困難を改善・克服するための指導です。言い換えれば，**子供の力を高めるためのもの**です。

　特別支援学級では，子供の力を高める「自立活動」と，授業に参加しやすくなるための「合理的配慮」が，授業づくりの両輪となります。

具体的な事例（小学校2年生のハナコさん）

　ハナコさんは，「周囲の状況（環境）の読み取りの困難」がある可能性があります。自立活動の時間には，この「周囲の状況（環境）の読み取りの困難」を改善・克服するための指導を積み重ねていくことになります。しかし，一朝一夕に目標達成できるわけではありません。その間も，教科の授業は行われていきます。

　したがって，ハナコさんに「周囲の状況（環境）の読み取りの困難」があっても，授業に参加しやすくなる合理的配慮が必要です。

　例えば，座席の位置を配慮することが考えられます。もし，ハナコさんの座席が教室の前方だったとしたら，周囲の状況に気づきにくい状態となってしまいます。そのため，後ろの方の座席にしてあげることで，参加しやすくなる可能性があります。

ハナコさんへの合理的配慮の視点

 周りの友達の様子に気づきやすくなるように、ハナコさんの座席は後ろの方にする　➡　 後ろの座席だとよくわかる！

第5章

事例で見る 授業における 自立活動の 指導のポイント

自立活動の指導は，個々の子供の苦手さに合わせて指導を組み立てていきます。

1 国語
書くことの苦手さへの指導・支援

（本山　仁美）

子供の実態

　Aさんは，**語彙力の乏しさやこだわりの強さから文章を書くことが苦手**です。うまく書くことができない経験を重ねてしまい消極的になることもあります。また，見通しのもてなさから，考えをまとめたり文を構成したりすることにも苦手意識をもっています。しかし，表にまとめることなど，**Aさんが理解しやすい方法を選択する**ことで，意欲的に取り組むことができます。

課題の設定の理由

❶指導すべき課題の設定

　子供の興味・関心に合った課題を提示します。子供が「書いてみたい」と思う環境づくりをすることで，書く活動を楽しむようになると考えました。文を構成する際の手がかりとして，ウェビングマップを作成し，書きたいことや伝えたいことを可視化することができるようにします。

❷自立活動の区分と項目の設定　2-(1)　4-(2)　6-(3)

　子供の興味・関心に合った課題を設定することで，課題をやり遂げる達成感を味わえると考えました。自分の思い通りに書くことができた経験を通して自信をもつことができます。また，自分が理解しやすい方法も選択させるようにします。友達との対話の中で，語彙力を身に付けることで質問のルールを理解させていくことにもつなげていきます。

単元のねらいと目標

• 経験したことを思い出し，順序よく書くことができる。

知識及び技能	思考力，判断力，表現力等	学びに向かう力，人間性等
○友達との関わりの中で語彙を増やすことができる。 ○主語，述語の関係に気づき，正しく書くことができる。	○経験したことを文にまとめることができる。	○意欲的に自分の考えを書いたり発表しようとしたりすることができる。

指導のポイント

　経験したことや興味のあることを話すことが好きという子供の実態から「夏休みの思い出」というテーマで課題を設定しました。そして，表現の仕方や形式などの指示を明確に出します。授業のはじめには絵を見て，簡単な文を作る時間を設け，書くことに対する苦手意識を軽減しています。楽しく学習した経験が意欲につながります。

　文章を書く前に**ウェビングマップ**を作ります。「いつ」「どこで」「誰と」など，文章を書く上で必要な要素を書きます。より発展させることができるよう，友達同士で質問を出し合います。友達との関わりも語彙を増やす目的としています。うまくまとまらないことがあった場合は，文章化することが

できるよう，口頭作文をし，教師が支援をすることも考えられます。

　友達との関わり合いの中で，語彙が増えたことや，順を追っていけば文に表すことができるということに子供も気づき，意欲的に書くことができます。また，友達との関わりを通して言葉のやりとりをすることの楽しさを知ったり言語の理解を深めたりすることにもつながります。

国語
伝えることの苦手さへの
指導・支援

（本山　仁美）

子供の実態

　Aさんは**知的障害特別支援学級に在籍し，言語発達に遅れ**があります。そのため，自分の考えや気持ちを的確に言葉にできないことがあります。そのことで，伝えることに苦手意識をもっていたり，活動に消極的だったりします。そこで，言葉遊びをしたり，**体験的な活動を取り入れたりする**ことで，コミュニケーションに対する意欲を高めています。

課題の設定の理由

❶指導すべき課題の設定

　人にうまく伝えることができなかった経験から，学習意欲の低下がみられたが，好きなことには集中して取り組むことができるという強みを活かすことができると考え，本単元を設定しました。安心して学習することができるよう，教師がモデルを示します。また相手意識をもたせ，宝物をわかりやすく友達に紹介していけるようにします。

❷自立活動の区分と項目の設定　　3 -(1)　　6 -(3)

　これまでの経験から伝えることに消極的になっているので，教師との信頼関係を支えとし，学習を進めていくことが大切だと考えました。言語活動を通して，自分の意図が伝わる経験をすることで，自信をもって伝えることができるようにします。

単元のねらいと目標

- 自分の「たからもの」について，友達にわかりやすく伝えることができる
  ようにする。

知識及び技能	思考力，判断力，表現力等	学びに向かう力，人間性等
○姿勢や口形，発声や発音に注意して話すことができる。	○友達に伝わるように，話す順番について考えることができる。 ○友達を意識して，話すことができる。	○進んで話したり聞いたりして「たからもの」についてのやりとりを楽しむことができる。

指導のポイント

　相手意識をもって伝えることができるように，話す内容を決めます。授業のはじめに１分間のスピーチをして，伝えることに苦手意識をもたせないようにしています。宝物の紹介では，教師のモデル文を聞いたり読んだりさせます。それを基に大きさ，色，形，思い出や使い方などを伝えることに気づかせます。**「伝え方のポイント」を提示**することで，どのようにまとめたらよいかを学び，安心して発表メモを作ることができると思います。もし，手を止めてしまったら，教師が言語化するなど支援をすることも必要です。

　発表では，どのように伝えたらわかりやすいかを子供が自ら考えることができるようにします。タブレットを使い二通りの話し方の例を見て，姿勢や視線，声の大きさなど，よりよい伝え方について気づかせます。そのことで相手を意識することができるようにしていきます。

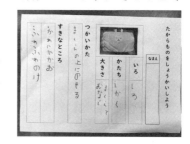

　教師や友達との言語活動を通して，自分の思いが伝わった経験を重ねることで，伝え合いの活動を楽しむことができるようになります。

3 算数
読むことの苦手さへの 指導・支援

（本山　仁美）

子供の実態

　知的障害特別支援学級に在籍するＡさんは，**抽象的なものを理解すること が難しく，算数の授業での成功体験を積みにくい**です。また，概念を形成す る過程で必要な視覚情報に注目することが難しかったり，読み取りや理解に 時間がかかったりすることがあります。しかし，**生活上の場面を取り上げ， 体験的な活動を取り入れることで概念の形成につなげていく**ことができます。

課題の設定の理由

❶指導すべき課題の設定

　文章題を読んで内容を理解することが難しいため，具体物を使うことを考 えました。日常の場面を想起して楽しく学習することが大切です。実際に具 体物を操作させ，合併や増加，求残・求差・求部分を意識させることで，文 章題に書かれた内容を理解しながら進めていきます。

❷自立活動の区分と項目の設定　2 -⑴　4 -⑸

　概念を形成する過程での読み取りや理解に時間がかかることがあります。 そこで日常の場面を設定し，具体物の操作をすることで，確実に概念の形成 につなげていくことができると考えました。また，具体物の操作をすること で「できた！」という成功体験を積むことができ，安心して学習することに もつなげていきます。

単元のねらいと目標

- 具体物の操作をすることで，引き算の仕組みを理解し，立式したり友達に伝えたりすることができるようにする。

知識及び技能	思考力，判断力，表現力等	学びに向かう力，人間性等
○具体物を操作して，減法の仕組みを理解することができる。	○具体物を操作し，友達に減法の意味を伝えることができる。 ○減法を日常生活の場面に用いて活かすことができる。	○具体物を操作し，減法について知ろうとすることができる。

指導のポイント

　子供が苦手意識をもちやすい算数の授業では，見通しをもち安心して取り組むことができるように，**同じ手順で進め**ます。また，**具体物を使う**ことで，**日常の場面を想起**したり，**問題文の意味をイメージ**したりすることができるようにしています。

　例えば引き算では，子供がわくわくするような場の設定をします。「りんご狩りをしよう」「釣りに行こう」「お花摘みに行こう」など，体験的な活動を行います。「りんご狩りをしよう」では，りんごの木から実をとる活動をします。そして，「はじめは」「とったかず」「のこりのかず」を意識させます。

　体を動かして学習することを通して，苦手意識をもたず学習することができるようになります。また，苦手なことに直面した時でもやり方を変えればできるというように，自分の得意なことを活かせばいいことを子供自身が気づくことができました。

4 体育
勝ち負けの敏感さへの
指導・支援

（五郎丸美穂）

　支援を必要とする子供たちの中には，「勝ちたい」という想いが強すぎて，**負けをなかなか受け入れられない子供**もいます。「**負けても人や物に当たらず，感情をコントロールできるようになること**」が，**指導すべき課題**となる子供もいるでしょう。自立活動の指導項目としては，2-(2)「状況の理解と変化への対応に関すること」や3-(4)「集団への参加の基礎に関すること」などが当てはまるでしょう。

「勝っても負けても楽しかった」経験を

　時間はかかるかもしれませんが，「**勝っても負けても楽しかった**」という**経験を積み重ねることが大切**です。体育の活動には，ボール運動や徒競走など勝負を伴う学習活動がたくさん含まれています。それらの活動を通して，「活動そのものが楽しかった」「友達や教師と一緒に活動して楽しかった」という気持ちを育んでいけたらいいですね。

　交流学級の体育の授業では，子供たちや担当の先生とも相談しながら，「○ちゃんはここから蹴ってもよい」など特別支援学級の子供たちの特性に合わせたルールを設定することで，楽しく活動に参加できることもあります。また特別支援学級の体育の授業では，学年や体格，能力の差が大きい子供たちが一緒に活動することもあります。

　参加する子供たちの実態や状況に合わせて，活動内容やルールなどを工夫する必要があるでしょう。教師が一緒に活動する中で，時には子供を勝たせたり，「負けても楽しむ」よいお手本を示したりすることもできます。

先に約束，できたら褒める

「負けることもある」「負けても人や物に当たらない」など**気をつけてほしい事柄を活動の前に具体的に示し，確認してから活動に入る**と，子供たちにも心構えができます。そして活動中や活動後に，できたことをしっかり褒めましょう。褒めるためには，その子の様子をしっかり見ておかなければいけません。完全にはできていなくても，「腹が立っていたけど，物は投げなかったね」「がまんしようとしていたね」など子供なりの小さな努力や成長を認め，価値づけていきましょう。「がんばりカード」にシールや花丸をつけていく方法も，ルールや自分の努力が視覚的に残るため，有効です。

また，決まった場所でのクールダウンの方法を一緒に考えたり，「まあいいか」「次にまた頑張ろう」など気持ちを切り替える言葉を教えたりして，「自立活動」と関連づけながら，少しずつスムーズに**気持ちの切り替えができるように支援**していきたいですね。

活動内容やルールを工夫することで，学年や特性の違う子供たちが活動そのものを楽しめるようになりました。

活動の前にめあてを確認し，活動後に振り返りをします。できたらシールを貼って，価値づけています。

負けるときも ある

・勝っても いばらない。
●　●　●　●

・負けても 人や物に 当たらない。
●　●　●　●

5 日常生活の指導
集中することの苦手さへの指導・支援

（五郎丸美穂）

　特別支援学級の子供たちの中には，障害の特性等から，目に入るもの，耳から聞こえることにすぐに反応してしまう子供たちも多くいます。「集中して活動に取り組めること」が指導すべき課題となり，自立活動の指導項目としては，3-(3)「自己の理解と行動の調整に関すること」などが当てはまる子供もいるでしょう。

集中できる環境を整える

　まずは**子供たちが見えやすく聞こえやすい環境を整える**ことが大切です。「どうすれば集中できるかな」という視点で，工夫しましょう。**いずれは子供たちが自分に合った方法を自分で選択できるように育てていきたい**ですね。

【目からの情報】
・活動に必要ないものを見えにくくする（掲示を減らす，布で隠す，カーテンを閉める，ついたてで区切る等）。
・活動の流れや時間を示す（黒板，ホワイトボード，タイムタイマー等）。
・座席の配置を工夫する（向き，他の子供との位置関係等）。

【耳からの情報】
・活動に必要ない音を聞こえにくくする（窓・ドアを閉める，イヤーマフをする等）。
・適切な大きさで話す。
・座席の配置を工夫する（向き，他の子供との位置関係等）。

朝の時間に集中力アップ

　朝それぞれの子供たちが登校し，朝のしたくを終えて全員で朝の活動を始めるまでの時間には，子供によって差があると思います。**やるべきことを終えた後の時間に，パズルやタングラムなどの図形遊び，工作などの活動を取り入れ，楽しみながら集中力を養うのもよいかもしれません。**

　また朝の会の時間に，全員で聞く力や見る力を高める活動に取り組むことも考えられるでしょう。短時間で楽しく取り組めるトレーニング教材もたくさん市販されています。**少しずつの積み重ねで，集中力を伸ばしていけるとよいですね。**

　朝の会で，楽しみながら「聞く力」を伸ばす活動を積み重ねます。

他の音が耳に入ってきて落ち着かなくなる時は，イヤーマフをして活動に参加しています。

NPO フトゥーロ　LD 発達相談センターかながわ編著（2014）「聞きとりワークシート①言われたことをよく聞こう●編」かもがわ出版
和田秀樹監修　村上裕成著（2016）「きくきくドリル STEP ②」文英堂

6 日常生活の指導
不注意・忘れ物が多い事への指導・支援

（五郎丸美穂）

　忘れ物が多い原因は，子供によって様々です。持ち物をそろえる習慣がついていない，何を持っていったらよいかわからない，物の管理や整理整頓が苦手など，様々な原因が考えられます。「自分で持ち物の管理ができるようになること」などが，指導すべき課題となるでしょう。自立活動の指導項目としては，2-(3)「障害による学習上又は生活上の困難を改善・克服する意欲に関すること」などが当てはまると考えられます。

　忘れ物，提出物の出し忘れを防ぐには，**教室の環境整備や個別の支援が大切**です。また，家庭の状況を考慮し，**保護者と話し合いながら，どうすれば家庭でも子供自身が持ち物をそろえる習慣をつけられるか，一緒に考えたい**ものです。

忘れ物，出し忘れを防ぐには

❶チェックカードで確認

　家庭と学校の両方で持ち物を確認できるよう，忘れ物のチェックカードを使います。家庭では，カードを見ながら持ち物をランドセルに入れ，カードにチェックをつけていきます。

　学校では，そろっていたらシールを貼って励まします。チェックカードは，ランドセルのふたの裏側に入れたり連絡帳に貼ったりすると，なくさず，確認もしやすいでしょう。

　朝，帯で設定している「日常生活の指導」の時間で，子供たちと一緒に確認する時間をとり，持ち物をそろえることを習慣化できるとよいでしょう。

❷教科ごとにひとまとめ

　ジップつきの透明ケースに教科書，ノート，ドリルなど授業で使う用具を教科ごとにまとめて入れ，家庭にはケースごとランドセルに入れて持ち帰ります。ケースの外側に用具の写真を貼っておけば，出し入れする時に確認しやすいでしょう。教科ごとにケースの色を変えると，さらにわかりやすくなるかもしれません。「日常生活の指導」の時間に持ち物の管理や出し入れを一緒に行いながら，できたことを褒め，習慣づけしていきたいですね。

わすれものはないか、たしかめよう

	9/11（月）		（火）		（水）		（木）		（金）	
	おうちでチェック	シール	おうちでチェック	シール	おうちでチェック	シール	おうちでチェック	シール	おうちでチェック	シール
ハンカチ	○	☺								
ティッシュ	○	☺								
とがったえんぴつ5本	○	☺								
とがった赤青えんぴつ	○	☺								
けしゴム	○	☺								
なまえペン	○	☺								
じょうぎ	○	☺								
したじき	○	☺								
とくべつなもの	月ようセット ☺									

家庭と学校，両方で持ち物をチェックします。

ケースの表面に教科書・ノートなどの写真を貼り，入れるべき物をわかりやすくします。
透明ケースなので，中身が見えて，入れた後の確認もしやすくなります。

感覚の過敏さへの指導・支援

（小島　徹）

感覚の過敏さのある子供への日常生活の指導での配慮点

　「感覚」はいろいろなことを感じ，情報を得る大切な身体機能です。その感覚に過敏さがあるために，情緒が不安定になり，活動参加が困難になることもあります。**感覚の過敏さそのものを改善・克服するのではなく，過敏さの軽減を図りながら，落ち着いて向き合える状況と，学習活動等への前向きな参加を促していきたいですね。**聴覚や視覚など過敏さのある感覚は人によって様々です。状態を正しく捉えながら指導や支援を進めていきましょう。

感覚過敏のあるAさんへの指導・支援

❶Aさんの状況について

　触覚に過敏さがあります。衣服など肌に触れるものに対して，素材やその感触などにより不快感，不安感を示すことがあります。首の後ろにある衣服の「タグ」がどうしても気になってしまう姿も見られます。

　手が汚れたり，ベタベタした触感になったりすることを嫌い，場面によっては活動参加が難しくなってしまうことがあります。

　過敏さだけでなく，物事に取り組む際に依存的であったり，自分でできることでも，嫌なことは回避しようとしたりする姿が多く見られます。

❷指導・支援で心掛けたいこと

　生育歴や日頃の様子から，過敏さを示す状況や変容について把握し，支援

者間で共有します。　☆全ての基本はここ！

　状況に応じて衣服等，身に付けるものの素材や形状について配慮，工夫をしていきます。保護者の方との連携協力も必要となります。

　日常生活の中でいろいろな触感と関わる経験をスモールステップで積み重ね，Ａさんなりに苦手さを受け入れていく素地を育みます。

　Ａさん自身が苦手さを理解し，辛さを言葉や自分なりの方法で伝えたり，回避したりしようとする意欲と行動を高めていきます。

　Ａさんの辛さを周囲の人たちが理解し，受け入れられるようにします。

❸日常生活の指導でのアプローチ

　自立活動の２-⑴「情緒の安定」２-⑶「改善・克服する意欲」４-⑵「感覚や認知の特性についての理解と対応」６-⑸「状況に応じたコミュニケーション」の項目を基にＡさんの目標を捉え，進めていきます。

　日頃から依存的であったり，苦手なことを避けたりする姿が見られるので，自分でとりかかり，やり遂げる態度を育みます。**日常生活での意欲や態度，基本的な生活習慣が様々な困難さを改善・克服していくためのよき土台**となります。

　清掃や給食指導，花や野菜のお世話など，活動に取り組むと必然的に汚れる場面を意図的に設定し，継続して取り組みます。「汚れても洗えばきれいになる」という経験を重ね，不快感・不安感の軽減を目指します。

　どうしても不安感が大きくなってしまう場面では，気持ちを落ち着かせるための場や方法を学び，身に付けられるようにします。

　よりよい方法で自分の辛さを表現したり，伝えたりすることができるよう，話型やサイン，伝達カード等の使い方を日常生活の中で学べるようにします。日頃から先生や仲間とのコミュニケーションが活発にできるようにしていきます。

　日常生活の指導や道徳の授業等も活用し，誰もが得意なことや苦手なことがあることを理解し合えるような学習も進めていきたいです。

8 作業学習
不器用さへの指導・支援

(小島　徹)

不器用さのある子供への作業学習での配慮点

　障害のある子供の中には，日常生活や学習活動でうまく身体を使えない姿が見られます。一番避けたいのは，**そのことで本人が自信を失い，自己有用感や自己肯定感が低下してしまうこと**です。

　脳の発達やその働きと身体機能との関連や，「感覚機能との連携」等の視点で捉えていく必要もあります。また，生育歴の中で身体を使った動作や活動を十分に経験していないということが背景にある場合もあります。

　将来に向けて，子供たちの身体動作や生活体力を高めていくことは重要であり，特別支援学級が担う大きな役割です。そのためにも教育活動全体で多様な身体活動の場をつくっていくことが大切です。作業学習（作業的な活動を中心とした生活単元学習）はそのよき機会となるはずです。

不器用さがあるAさんへの指導・支援

❶Aさんの状況について

　苦手なことは多くても，目の前の活動や課題に一生懸命取り組みます。

　軽度のマヒがあり，手指を使う動作や活動でうまくできなかったり，時間がかかってしまったりすることがあります。

　うまくできないことが続くと，イライラしたり，自己否定をしたりするような言動を見せることがあります。

❷指導・支援で心掛けたいこと

　不器用さが見られる場面や状況を作業的な活動だけでなく，日常生活全体の中で丁寧に把握し，支援者間で共有して指導・支援を進めていきます。

　単に機能の訓練に終始するのではなく，集団で目的やめあてを共有できる建設的でやりがいのある活動の中で不器用さの改善に取り組めるようにします。本人の努力が価値づけられるような活動を心掛けます。

　不器用な部分のみにフォーカスせず，できていることやＡさんのよさが活かされ認められる場をつくり，本人の有用感や肯定感を高めていきます。

　作業学習のよさを活かし，多様な単元を設定するとともに，できるだけ単発の活動でなく継続して取り組むことができる単元を心掛けます。

❸作業学習（作業的な活動を中心とした生活単元学習）でのアプローチ

　自立活動の２-(3)「改善・克服する意欲の向上」５-(1)「姿勢と運動・動作の基本的技能」５-(3)「日常生活に必要な基本動作」５-(5)「作業に必要な動作と円滑な遂行」の項目を基にＡさんの目標を捉え，進めていきます。

　作業（的な）学習として調理学習，農耕や園芸，紙工，木工，陶芸，工芸品制作，縫製等を計画し実施しました。活動に取り組む中で必要となる身体動作について指導者間で確認，検討をしました。

　単元に取り組む際は，**Ａさんができること，よさを活かせる作業工程と，不器用さの改善を意図した作業工程を検討し，個別の指導計画に反映させていきました。苦手なことと得意なことをバランスよくローテーションして，自己有用感と苦手さ克服への意欲を高められるようにしました。**

　主に手指の不器用さがＡさんの課題でしたが，身体全体での粗大な動きとの関係も重視しました。年間を通して，様々な学習の中で粗大な動きと微細な動きをＡさんが経験できるようにしました。

　「作業ノート」を活用し，活動を振り返ったり，評価したりすることを大切にしました。作業の成果と自分の成長を実感することで，改善・克服への意欲を高めることができました。

9 交流及び共同学習
環境変化の苦手さへの
指導・支援

（小島　徹）

環境の変化の苦手さのある子供への交流及び共同学習での配慮点

　大人でも環境が変わったり，未経験の状況に出会ったりすると，緊張や不安を感じます。障害のある子供にとっては環境の変化に対する不安感が意欲や活動参加に大きく影響することがあります。

　環境の変化に対して「自分の経験と照らし合わせたり，予想したりすることができない」「見通しがもてない。目の前の環境に，自分が安心できる拠り所となるものがない」「こだわりがあり，自分の意に沿わない状況を受け入れにくい」「恥ずかしい」「失敗や慣れないことへの不安感が強い」等，様々な要因が考えられます。状況を丁寧に捉えながら取り組みます。

環境や関わる人が変わることに苦手さがあるAさんへの指導・支援

❶Aさんの状況について

　特別支援学級の教室や普段活動している場所以外の環境になると，不安感を示したり，入室やそこでの活動に抵抗感を示したりします。

　場所以外にも，関わりが少ない人に対して不安を感じることがあります。

　不安が強いと頑なな姿となり，活動参加が困難になることもあります。

　支援学級での活動時にも，新しい活動や経験の少ない活動では取り組むまでに時間がかかることがあります。

❷指導・支援で心掛けたいこと

どんな状況で不安感や抵抗感を示すのかを，日頃の様子から把握していきます。支援者間で共有しながら指導・支援を進めていきます。

　スモールステップで課題を設定し，Ａさんが環境の変化に慣れ，受け入れていこうとする意欲や態度を育みます。

　日頃から慣れた環境で，多様な活動や小さな状況の変化等を経験させながら，「変化すること」に慣れ，不安感を軽減できるようにしていきます。

　Ａさんの苦手さを周囲の人たちが理解，受容できるようにしていきます。

　交流する学年や学級の先生と相談・連携をしっかりととっていきます。

❸交流及び共同学習でのアプローチ

　自立活動の2-(1)「情緒の安定」2-(2)「状況の理解と変化への対応」3-(4)「集団への参加」4-(4)「周囲の状況についての把握と状況に応じた行動」の項目を基にしてＡさんの目標を捉え進めていきます。

　「場所」も「人」も同時に変わることを受け入れるのは難しい場合もあります。日頃から慣れた場所でこれから交流する人たちと会う機会を設けたり，交流を行う教室を事前に見たりして，慣れておく場面をつくります。

　直接交流が難しい場合，手紙や届け物の受け渡し，ICTのオンライン機能の活用など，間接的にやりとりする場を設定することも有効です。

　直接交流する場合，活動の内容や時間など，少しずつ段階的にふくらませていくことが大切です。また，Ａさんの興味関心が高い事柄や，得意な活動を交流内容に入れていくことも有効です。

　机や椅子，学習道具など日頃使い慣れたものを交流先で使うことも不安感軽減になることがあります。

　日頃関わりの深い教員が付き添いながらスタートし，徐々に付き添う支援者への依存度が小さくなるように働きかけていきます。

　日頃生活している支援学級においても，グルーピングや担当教員，活動する場所や内容を意図的にマイナーチェンジすることで，Ａさんが環境の変化を受け止めやすくなるための素地を育んでいきます。

10 学校行事
不安の強さへの指導・支援

（五郎丸美穂）

見通しをもたせる

　私たち大人だって，初めての取り組みについて口頭でのみ説明されたら，きっと不安になったり適切に行動できなかったりしますよね。特性のある子供たちなら，なおのことです。特別支援学級の子供たちの中には，**経験の少ないことや見通しの立たないことに対して不安が強くなる**子供も多くいます。「状況を正しく理解し，落ち着いて行事に参加することができること」が，指導すべき課題となる子供もいるでしょう。自立活動の指導項目としては，2-(2)「状況の理解と変化への対応に関すること」や2-(3)「障害による学習上又は生活上の困難を改善・克服する意欲に関すること」などが当てはまると考えられます。

❶視覚的に示す

　活動の流れ，持ち物，服装など見通しをもてるようにするために必要な事柄を，子供たち一人一人の実態に合わせて，わかりやすい形で示すことが大切です。

　漢字やひらがな，イラストなどの表記の仕方や形式など，その子が理解しやすい方法を工夫しましょう。

❷事前学習をする

　事前に準備したり経験したりすることによって，活動への不安が少なくなり，自信をもって活動に参加できる子供たちも多くいます。特別支援学級の

子供たちにとって事前学習はとても大切です。

　学校・学年の行事であれば，交流学級での学習に加え，特別支援学級で個別に説明や準備などの学習を行うことによって，子供たちが安心して行事に参加できるでしょう。また，「買い物に行こう」など「生活単元学習」として事前学習・当日の行事・事後学習まで単元を組み，学習を進めることもできるでしょう。

　「これがあれば不安が少なくなる」「事前にこうしておけば安心して活動できる」。子供なりの方法を一緒に見つけられたらいいですね。

【考えられる事前学習の例】

・活動の流れ，持ち物，服装等を確認する（イラスト，写真，実物等）。

・以前の活動の動画，写真を見る。

・疑似体験してみる。

・事前に持ち物の確認を一緒にする（宿泊等）。

うんどうかい　1ねんせいよう①

ならぶ				
かいかいしき		①はた		
		②1ねんせい あいさつ		
		③こうちょうせんせいの おはなし		
		④うんどうかいの うた		
		⑤あかしろ あいさつ		
1	らじおたいそう			
	てんとへ いく			
2	みる	ときょうそう		3ねん
3		つなひき		4ねん
4	ならぶ	ときょうそう		6ねん
5		おどっちゃおっ		2ねん
6	かけっこ			1ねん

活動の流れを確認しやすいように，ポケットに入れておく，ラミネートして持っておく，拡大してわかるところに貼っておくなどします。

ごうどうがくしゅう　がんばり　かあど

なまえ（　　　　　　　　　　）

	やること		ごうかくしたら　しいる
1	ばすに のる れんしゅう		
2	おひるごはんを ちゅうもんする れんしゅう		
3	おつかいを する れんしゅう		
4	じこしょうかいを する れんしゅう		
5	にもつの じゅんびを する		
	ぜんぶできたら，ごうどうがくしゅうへ　しゅっぱつ！		

「がんばりカード」で，事前学習にも見通しをもち，安心して行事に参加できるようにします。

11 学校行事
予定変更の苦手さへの 指導・支援

（小島　徹）

予定変更への苦手さのある子供への学校行事での配慮点

　環境の変化等と同じように，予定が変わることを受け入れ，変更に応じて行動することが苦手な子供もいます。変更への不安感や不満が強くなり，行事活動そのものへの参加が困難になってしまう場合もあります。

　学校では，学校行事を実施する際，通常と異なる時間割が組まれることもあります。期日や時間だけでなく，活動する内容が変更となる場合もあります。当日，急に変更ということも少なくありません。

　予定が変わってしまうことへの不安や混乱によって，子供たちにとって貴重な体験の場となる学校行事へのよきチャレンジができない。そんな状況が少しでも回避できることを願いながら取り組んでいきます。

予定が変更になることへの苦手さがあるAさんへの指導・支援

❶Aさんの状況について

　活動の予定がわかり，ある程度見通しがもてます。予定の変更がないのかを，他の子供に比べて気にする姿が見られます。

　予定が変更になると不安感が大きくなってきます。大きな混乱はありませんが，なかなか活動への参加，とりかかりができなくなります。

　日頃から「マイ予定」「マイルール」に行動が影響されやすいところがあります。自分の意に沿わない状況や活動になると不機嫌になったり，できることをやろうとしなくなってしまったりすることがあります。

❷指導・支援で心掛けたいこと

どんな状況で不安感を示すのか，日頃の様子から把握していきます。支援者間で共有をしながら指導・支援を進めていきます。

Ａさんの「マイルール」や「マイ予定」を受容しながらも，本人が変更や他の状況を受け入れていく素地を，スモールステップで育んでいきます。

変更の伝え方と受け止めさせ方について配慮，工夫をしていきます。本人が受け入れやすく，不安感が軽減できる方法を一緒に考えていきます。

変更となった活動への参加を促す手立てや工夫を考えていきます。

❸学校行事を通してのアプローチ

自立活動の２-(1)「情緒の安定」２-(2)「状況の理解と変化への対応」３-(3)「自己の理解と行動の調整」６-(5)「状況に応じたコミュニケーション」の項目を基にして，Ａさんの目標を捉え進めていきます。

変更はわかり次第，早めに伝えます。「話して伝える」だけでなく，視覚的に捉えて理解できるようにします。Ａさんの場合は，自分で予定表に書かせる活動が有効でした。

行事では，交流する学年や学級と関わることが多いので，当該の先生方と相談をしながら進め，Ａさんの課題を共有しました。

１日や週の予定を活動ごとにカードにして，Ａさん自身が並べる活動をしました。楽しみながら予定を確認できました。変更があった時の「カードを貼り替える」という活動が，変更への不安感の軽減につながりました。

日頃から支援学級の中で，予定や活動の「小さな変更」を意図的に設定し「マイ予定」や「マイルール」があっても，受け入れ活動できる状況を積み重ねました。不安感の軽減や切り替えて取り組む姿が見られました。

活動に参加できた時に，本人が力を発揮し，楽しめる場面づくりを心掛けました。楽しくできた実感や手応えは苦手さの克服につながります。また，丁寧に振り返りをし，頑張れたよさを価値づけることも有効でした。

第6章

ユニバーサルデザインを考慮した教室環境づくりのポイント

環境面からも，どの子も学びやすくなるように，サポートを行います。

1 教室の配置

（大村知佐子）

　ユニバーサルデザインの大切さを考える時，道路を想定するとわかりやすいと思います。時々，通常の学級の様子が「高速道路」のように見える時があります。みんなが同じ道をほぼ同じスピードで走っています。標識を見て進んでいけば，目的地に着くことができます。でも何らかの理由で標識をしっかりと認識することが難しい場合はどうでしょうか。軽自動車で同じように走ろうとすると大きなパワーが必要になることでしょう。休憩をとらずに何時間も走り続けたらどうなるでしょうか。

トラブルが起こりやすい教室

①わかりにくい

　ちょうど40台の車が止められる印のないスペースに，いきなり40台の車が入ってきて駐車しようとするとどうなるでしょうか。混乱し，事故が起きるかもしれません。手がかりのない教室も同じ状態です。

②自由度が少ない

　駐車場で，全てのスペースに止める人の名前が書いてあったらどうでしょうか。車のナンバーの順番に止めるという決まりがあったらどうでしょうか。決まりごとが多すぎるとかえって混乱が増えます。教室では子供たちが守らなければならない決まりに振り回されてしまいます。

③負担が大きい

　全ての駐車スペースに壁があり，壁にぶつからずに止める必要があったらどうでしょうか。スペースが車ぎりぎりの大きさだったらスムーズに止めら

れるでしょうか。誰もが安心して学べる環境をぜひ用意してほしいです。

みんなが居心地よく学べる教室

①わかりやすい

駐車場への入口や出口に矢印があったり，止めるスペースにラインが引いてあったりすることで，事故はかなり減らすことができます。

②自由度がある

どのスペースに止めてもよいという表示があれば，自分から一番近いスペースに止めたり，お店の入口に近いスペースに止めたりとその人の状況に合わせて選択することができます。

③負担が少ない

壁ではなく，ぶつかりやすい場所にカラーコーンが立ててあれば，運転者の負担が減ります。少しゆとりのあるスペースであれば運転者の負担は大きく減るでしょう。

教員側からの決めごとは，少なすぎても多すぎても居心地が悪くなります。**みんなにちょうどよい状態を考えることが大切**です。全ての子供が「**公平で，自由に，安全に，確実に，負担少なく**」目的地に向かう姿を想像してみたらどうでしょうか。必要なものや必要な手当てが見えてくるかもしれません。

学校には，子供たちが決めることのできない決まりごとがたくさんあります。時間割や年間行事，学習の流れやその日の学習内容などです。そのような「決まっていること」について，**一人一人の子供が「自分のこと」にするための手立てが必要**になります。

スケジュールを自己管理するために

　筆者の教室では，子供たちは毎朝，交流学級の担任にその日の時間割を聞き，どんな学習内容なのか，学習の場所はどこなのかなどを自分で確認しています。そして特別支援学級のスケジュール黒板にその日の学習の流れをカードで貼っています。筆者は黒板に時間割を貼っている子供たちと会話しながらその日の活動の流れを確認します。

　高学年になるとパソコンで時間割が提示されるのでパソコンを開いて時間割を確認する子供もいます。わからないことがあるとパソコンのコメント欄で確認しています。交流学級の担任からもパソコンのコメント欄にその日の学習の流れで伝えたいことが送られてきます。交流学級で行う学習を記憶することが難しい子供には，交流学級担任がその日の時間割を見ながら，交流学級で学習する時間に赤色で○をつけてもらっています。「ここだよ」と教えてもらう時間が，子供にとっても担任にとっても楽しいコミュニケーションの場になっています。子供がスケジュールを理解し，活動できるまでにはこのような時間が必要です。わかる，双方向でコミュニケーションをとる，表出するといったひと手間が大切です。

やってみよう，カレンダーづくり

　特別支援学級には1年生から6年生まで様々な子供がいます。中には曜日や数字の並びがわからない子供もいます。一方で卒業を目の前にしている子供もいます。そんな時に，カレンダーづくりをやってみると新たな学びが生まれます。

　カレンダーの下半分は下学年の子供たちが作ります。シールに書いた数字を貼ったり，土曜日には水色を，日曜日にはピンク色を塗ったりします。筆者の教室の子供はこの活動で「黒い数字が学校に来る日なんだね。あと○日でお休みだ」と気づくことができました。子供たちはみんなの誕生日も記入していました。運動会や卒業式などの日程は担任や上学年の子供が記入します。

　カレンダーの上半分は上学年の子供たちが作ります。季節の様子を絵に描いたり，みんなに伝えたいことを書いたりします。SDGs に関心がある子供は7月のカレンダーに「エアコン温度の下げすぎに気をつけよう」と書いたり，魚が大好きな子供は「この時期においしいお魚はこれです」と魚の絵を描いたりしていました。上半分のテーマは子供の興味関心によって変えるとよいでしょう。カレンダーを作ることで年間のスケジュールを自分のこととして考えるきっかけになります。

3 掲示物・ルール

（大村知佐子）

子供のための掲示物，教員のための掲示物

　教室の中には，子供たちがよく見る掲示物と時々見る掲示物，あまり見ない掲示物があります。どのような違いがあるのでしょうか。

　よく見る掲示物は，子供たちの生活に必要な掲示物です。給食の献立表や体育館の使用割り当て表，九九表や手順表など，毎日確認する必要があり，子供の興味関心の高いものです。時々見る掲示物は，掃除当番表や曜日ごとの校時表など，わからなくなった時に確認するものが多いです。

　あまり見ない掲示物はどんなものでしょうか。お知らせや避難経路図など，主に教員が活用するものが多いと思われます。

　教室の掲示コーナーは限られていますので，何をいつ，どう貼ったらよいのかは子供の必要感に合わせるとよいでしょう。子供がよく使うものは子供の目線の高さに，教員しか使わないものは天井近くに，給食の時に使うものは配膳台の近くに，掃除で使うものは掃除ロッカーの近くにと貼り方を構造化するとよいでしょう。デジタル化も進んでいるので，全てを紙にして掲示するだけでなく，パソコンでいつでも確認できるようにしておくとよいものもあると思います。

　筆者は子供の絵や字が好きなので，子供たちが書いた今月の歌の歌詞や図画工作の学習以外の学習で描いた絵（理科や社会，国語など）も貼ってあります。子供たちも自分の絵や字があることで，教室が自分の居場所と感じてくれているといいなあと思います。

ルールを書く時は，理由も書く

　子供たちが自分たちで教室の**ルールを決めて紙に書いて貼る**こともありますが，その時にお願いしていることは，**「理由も併せて書く」**ということです。「食事の前には手を洗おう。わけは，手には口の中に入ると危険なばい菌がついている可能性があるからです」「廊下は静かに歩く。わけは，まだ学習中の人がいたり，向こうから来る人とぶつかったりするかもしれないからです」という具合です。理由を書くことによって，自分だけのルールではなく，みんなのためのルールであると気づくことができます。

掲示物の変更のスケジュール化

　学校のルールや手順など１年間貼っておくもの，教室のルールや係からのお知らせなどその都度掲示するものなど，掲示物によって変更する頻度は変わります。教師にとって，「〇月にこれを貼る」と決まっていると，作るのも楽になります。子供にとっても見通しをもちやすくなります。各教室ではらばらに作るのではなく，**学校全体で統一する**ことは教師にとっても子供にとっても負担軽減になります。

4 学校の生活様式

（大村知佐子）

ぴかぴか給食大作戦

　以前，子供たちは，交流学級で給食を食べていたのですが，食べにくい食材を刻むなどの配慮が必要な子供が増え，特別支援学級で食べることになりました。そこで子供たちと「給食ぴかぴか大作戦」を始めることにしました。

❶給食での活動を見える化

　はじめに，給食の流れを子供たちと大きな模造紙に書き出しました。「12時に給食の配膳をはじめるとしたら，何時にトイレや手洗いをしたらいいかな？」「給食の配膳には何分ぐらいかかるかな？」などと相談しながら，教室のみんなが無理なく動ける時間を設定し，掲示しました。

❷めあての見える化

　残食チェックをしたらみんなが残さず給食を食べてくれるのではないかと，毎日みんなの残食をチェックしていた高学年の子供が，「先生，○○くんは野菜を少し食べたら花丸だよね。○○くんはきれいに残さず食べられたら花丸だよね。同じぴかぴかでも違うね」と気づきました。日々の残食チェックをしていたからこそ，気づけたのかもしれません。

　そこで，一人一人のめあてを貼り出すことにしました。「野菜を食べる」ことを目標にする子，「時間内に食べ終わる」ことを目標にする子，「ゆっくりとよく噛んで食べる」ことを目標にする子など様々な子供がいます。一人一人違うけれど，「ぴかぴか給食」に向かって頑張るという願いは一緒です。

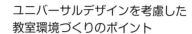

❸ぴかぴか給食に向かって

　子供たちはこの活動の中で自分にできることを一生懸命に考えていました。残食チェックをする子供のほかにも，「手を洗った後にハンカチで拭きたいけど，いつも忘れてしまうから，教室にタオルを置いておくといいかな」とタオルを持参する子供。頑張った友達を励ましたいから「ぴかぴか賞」をやりたいと賞状を作成して毎週金曜日にみんなに配付する子供。マスクをつける時間がわからない子供に「今つける時だよ。今は外していいよ」と教えてあげる子供。体調の悪い子供は配膳をしないようにと伝えると「じゃあ，前日に学校を休んでいる人とおなかの痛い人は配膳当番をお休みすることにしよう」とルール化してくれる子供。

　毎日のように子供たちに伝えている「安全」「清潔」ですが，なぜそれが必要なのか，どのようにしてそれを守っていくのかを子供たちと一緒に考えていくことが大切なのではないかと思います。そのためには時間がかかります。けれども時間をかけて共に考えたことは次の活動に活かされます。教師からの一方通行の言葉よりも多くのものを子供たちは学ぶことができるでしょう。

5 連絡帳や連携ツール

（大村知佐子）

　担任をしていると，**子供たちと学習するだけではなく保護者の方とのコミュニケーションも必要**になります。子育てが大変なことはご存じと思いますが，特別な支援が必要な子供を育てる時には，さらに多くのいろいろな困難があります。一生懸命に頑張ってもうまくいかないことがたくさんあったかもしれません。あるいは一生懸命に育ててこられたことが今の育ちにつながっているのかもしれません。一方で，子育てには喜びも伴います。保護者の方との連携は，今まで育ててこられたことへの尊敬の気持ちと成長する喜びの共有がポイントになります。

保護者の願い，担任の願い

　保護者も一人一人違う願いをもっています。特に交流に関しては「できるだけ多く交流させてほしい」という方と「できるだけ特別支援学級で安心して学習してほしい」という方に分かれます。担任はどちらも困ります。できるだけ多く交流学級で学習するためには，子供が交流学級でも学べるように準備をする必要があります。交流学級の担任の負担も大きくなります。ずっと特別支援学級で学習することも難しいです。学年の違う子供の全ての教科を特別支援学級で担任が行うことは無理です。そこですり合わせることが必要になります。どの教科なら交流学級でも大丈夫なのか。どの学年とどの学年の教科なら一緒に学習することができるのか。特別支援学級に支援の先生は何時間来てもらえるのか。担任が学校の状況を考慮して交流学級担任と相談し，導き出した時間割を保護者の方に提示し，納得されなければ，さらに

相談することになります。年度当初のこの手続きは大変ですが，とても重要
です。

担任の得意なことや好きなことを活かして

　特別な支援が必要な最大８名
の子供とさらにそれぞれの保護
者の方の願いを叶えることは大
変なことです。担任が一人で背
負うことは困難です。そのため
に，学校には担任を支援しても
らえる資源が用意されています。
**管理職の先生方，スクールソー
シャルワーカーやスクールカウ
ンセラーの先生，支援員の先生，
そして，他の子供たちや保護者
の方も時には担任の助けになっ**

てもらえる場合があります。若い先生は若さを，年齢を重ねた先生は経験を
活かして，いろいろな支えに頼ることが，結果として子供たちの幸せにつな
がります。

　また，自分のことを知ってもらうことが相手の信用を得ることにつながる
場合があります。得意なこと，好きなことはどんなことなのか。先生の長所
が子供の興味関心とつながった時，すてきな会話が生まれます。筆者は給食
が大好きなので子供たちとよく給食について話します。すると子供たちは家
でお母さんが作ってくれたおにぎりの話を教えてくれます。お母さんと話す
時，おにぎりから会話が広がります。保護者は学校の様子を子供から聞いて
います。**子供との楽しい会話が保護者との良好な関係につながるヒント**にな
るでしょう。

6 教材・教具

（大村知佐子）

わかる，できる，やってみる！（理解→技能→意欲）

　子供たちが学習に取り組むことが難しい場合は，次の手順で考えてみるとよいです。

❶理解

　活動の意味がわかっているのか，流れがわかっているのか，やり方を理解しているのかなど，子供たちの理解が十分かどうかを確認してみましょう。必要な場合には，手順表などの理解を促すような手立てを用意しましょう。

❷技能

　理解していてもできない場合があります。それは不器用で道具が上手に使えなかったり，順番通りに行うことが難しかったりするからです。**補助具やチェックカード**を使うことで解決できることがあります。

❸意欲

　理解や技能についての課題が解決したら，子供の意欲が自然に出てくることが多いのですが，それでもなかなかやる気になれない場合は，子供がやる気になるような仕掛けが必要になります。**頑張り表やご褒美シール，終わったら楽しいことがあるという時間設定**などです。

読める・書ける・発表できるマグネットシート

テスト

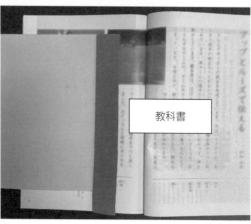
教科書

マグネットシートを使って学習

　国語の教科書をすらすらと読めない子供には，今読んでいる場所がわかるように，何かで印をつけていくことが効果的です。何回も使うことやしっかりと押さえる力が必要なことを考えると，下敷きを磁石がくっつく素材にして，教科書にはさみ，教科書の上からマグネットシートを貼り，少しずつずらしていくという方法があります。ある子供にそのような教具を作ったところ，書く時にもこれがあるときれいに書けると漢字を書く時にも使うようになりました。総合的な学習の時間で模造紙にまとめた原稿を発表する時にも，マグネットシートがあると読んでいる場所がみんなにわかりやすいことに気づき，大型のマグネットシートを作ってほしいと言っていました。

　子供は自分の苦手なことを克服する手段を手に入れることができれば，それを様々な場面で応用することができます。また，工夫することの大切さや便利さに気づき，困ったことがあったら，それを何とか解決しようと考えるようになります。教室にいる子供たちがこのような考え方をするようになると，互いに知恵を出し合い，助け合うようになります。

自分で使える便利グッズ

　分度器は角度を測るにはとても便利なものですが，たくさんの情報が一つの道具に入りすぎていて，使えない子供がいます。そのような子供には，「青い点を角に合わせて，三角形の線を赤い線に合わせたら赤色で書いてある数字を読み，黒い線に合わせたら黒色の数字を読む」ことで角度を測定できるように補助線を引いてみました。このグッズを使うことで子供は角度を測ることが苦ではなくなりました。

　時計の「短針と長針」，「時間と分」がどれをどう見たらよいのかわからない子供がいました。その子には，「時間の短針だけ」，「分の長針だけ」の時計を作り，時間を読んでから，分を読むようにしました。その子供はしばらくすると，普通の時計も読めるようになりました。

　子供にとって情報が多すぎて混乱する場合には，**情報を整理して，子供が理解できる量に減らす必要があります。大切なことは子供の目にどう見えているのか，どう聞こえているのか，子供はどう感じているのかに気づくこと**です。ユニバーサルデザインの考え方を学校に導入することは，全ての子供と大人の居心地のよさにつながります。

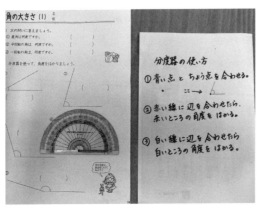

改良分度器

時間だけ分だけ時計

いつでも，どこでも，安心グッズ

　大きな音が苦手な子供がいました。その子供は，避難訓練の音が苦手なので避難訓練の日はその時間の前に耳にイヤーマフを当てて対処していました。

　ある日，授業中に雷が鳴りはじめました。次の時間は交流学級に行かなければならない時間でした。雷は鳴り止まず，どうするかその子供に相談したところ，イヤーマフをつけて交流に行くと言うので，一緒に交流学級に行き，交流学級の先生と周りの子供たちにイヤーマフの説明をしました。授業が終わって戻ってきた子供にどうだったか聞いてみると「安心して授業に参加できたよ。隣のクラスの子が，なんでヘッドフォンをしているの？　と聞いてきた時に，クラスの友達が説明してくれてうれしかった」と言っていました。

　子供たちは多少の手当てをすることで，自分の世界を広げていくことができます。**障害のある人がそれぞれ頑張っていることに気づくことのできた子供たちは，誰にでもある苦手や困難を様々な方法で解決し，共に生きていくことのできる優しい社会をつくっていってくれることでしょう。**

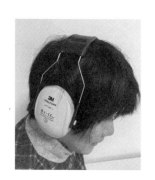

7 タブレットアプリ例

（内田　義人）

*本書中で紹介している外部へのリンクは刊行当時のものです。

iPad でオーダーメイドの支援を

　タブレットの中でも，iPad はシンプルで使いやすく汎用性があり，子供たちの豊かな学びを実現する環境が用意されている魔法のツールです。支援学級で大変重宝しているアプリをいくつかご紹介します。

教科学習の中で

常用漢字筆順辞典

正しい繰り返しで書き順もいつの間にか覚えられる

　ドリルを真っ赤に直されてくる子も，これなら喜んで繰り返し練習ができます。鉛筆と紙のバランスを考えて，画面の大きさやスタイラスペンを工夫するとより効果的です。使わなくなった iPhone は教材として再利用。ペン先は誘電素材のものが安価で書きやすくおすすめです。

Zen Brush 2

タブレットなのに驚くほどの毛筆感覚

　筆のコントロールが気持ちよく，すてきな文字が書けます。練習した漢字を書いたり，絵手紙を書いたり，毛筆が楽しくなります。

縦式―縦書き入力

タブレットで縦書きの作文が書ける

　作文が苦手でも，タブレットを使えば漢字も書き直しもあっという間。原稿用紙に縦書きに入力できるので，作文や卒業文集などの下書きで大活躍します。ファイルは他のデバイスとの共有が可能です。

flick（フリック）

使い慣れたフリック入力でやる気もアップ

　スマートフォン等でおなじみのフリック入力がiPadでできるようになります。様々な入力場面で，自分で選択して取り組むことができます。

こどもクロック２

時計アプリの定番　これさえあれば！

　読み取りから時間の計算までを網羅した時計の総合アプリ。文字盤を操作しながら時間について楽しく学べます。スクリーンショットを活用すれば自作の学習プリントも簡単に作ることができます。

AR（拡張現実）アプリを使ってみよう

　カメラに映る現実空間を認識し，仮想のものとのマッチングで様々なことができます。学習で使えるアプリがいくつも登場してきています。

星座早見 AR

見たい時間の星空が目の前に広がる

　円盤型の紙タイプのデジタル版で，プロジェクターと接続すれば天井に投影して簡易プラネタリウムもできます。星空が近くなるかも。

Active Arcade

教室がスポーツジムに早変わり！

　10種類以上のゲームを選べ，体全体を使ったエクササイズができます。体感コントロール，空間認知等，自立活動のプログラムとしても最適です。いま学級で一番人気のアプリです。

話すカメラ

カメラで認識したものの名前を読み上げる

　ものによってはうまくいかないこともありますが，正解を一緒に考えるなどして，楽しみながら認知を広げていくことができます。

らくがき AR

自分の描いたキャラクターが動き出す

　ノートや教科書の隅に書いた落書きキャラクターが，カメラをかざすと不思議に動き出します。餌をあげたり追いかけたり，オリジナルのキャラクターがコミカルに動き回り，子供たちも大喜びです。

はみがき勇者

夢中になりすぎ注意！

　誰もがもっと歯磨きをしたくなります。ブラシを持ってカメラに向かうと勇者に変身。ブラシの動きに合わせて，向かう敵を倒していきます。勢いよく磨きすぎてしまうくらい。自分から歯磨きをするようになります。

活用シーンはアイデア次第！　便利に使えます！

Microsoft Teams

ビデオ会議からファイルの共有までが簡単・便利

　　チームの作成は簡単にできますので，教室と個人をつないだり，校外と支援級をつないだり，まさに今だからこその様々な活用ができます。別室登校の子が教室の朝の会に参加できたり，修学旅行に参加できたりと，人と人をつなぐ，とても汎用性の高いアプリです。

Microsoft 365（Office）

使い慣れた Office をシームレスに

　　使い慣れた Office アプリを PC，タブレット等お気に入りのデバイスからアクセス可能。しかも教職員は無料でアカウントを取得できますので，活用シーンは広がります。例えば，ローマ字入力が苦手な子でも，文字は iPad でフリック入力し，細かい編集・印刷はタブレット PC で行えば，同じファイルをその子の「できる」に合わせて仕上げていくことができます。OneDrive を活用すれば USB メモリなどは不要となり，仕事上の利便性・安全性もアップします。

Canva -デザイン作成＆動画編集＆写真加工

デザイン作成の新定番！

　　アプリ版，Web 版のどちらでも使える万能デザインアプリ。文書もプレゼンもポスターも，おしゃれなテンプレートを選んですてきに仕上げることができます。教職員は認証を受けることで無料で利用可能です。クラスを作成することで子供たちとも共有が可能。タブレット，PC 等デバイスを選ばない，授業での活用が期待できる新定番！　万能アプリです。

＊本書中で紹介している外部へのリンクは刊行当時のものです。

◆特別支援学校学習指導要領等

（文部科学省）

https://www.mext.go.jp/a_menu/shotou/tokubetu/main/1386427.htm

自立活動の指導，また，特別支援学級では各教科においても，障害に応じた特別の教育課程を編成するために参考とする。

◆障害のある子供の教育支援の手引

（文部科学省）

https://www.mext.go.jp/a_menu/shotou/tokubetu/material/
1340250_00001.htm

子供の教育的ニーズや就学に向けたプロセス，就学後の支援に関する記載が充実している。

◆インターネットによる講義配信　NISE 学びラボ

（独立行政法人国立特別支援教育総合研究所）

http://www.nise.go.jp/nc/training_seminar/online

１コンテンツ15〜30分程度の講義をパソコンやタブレット端末，スマートフォンで学ぶことができる。

◆ NISE「特別支援教育リーフ」

（独立行政法人国立特別支援教育総合研究所）

http://www.nise.go.jp/nc/report_material/research_results_publications/
leaf_series

小・中学校等ではじめて特別支援学級や通級による指導を担当する先生に向けて取り組みのヒントとなる情報がまとめられている。

◆インクル DB　インクルーシブ教育システム構築支援データベース
（独立行政法人国立特別支援教育総合研究所）
　http://inclusive.nise.go.jp/?page_id=13
子供の実態から，どのような基礎的環境整備や合理的配慮が有効かを考える際に，
参考となる事例が紹介されている。

◆知的障害特別支援学級担任のための授業づくりサポートキット
（小学校編）すけっと（Sukett）
（独立行政法人国立特別支援教育総合研究所）
　http://www.nise.go.jp/nc/study/others/disability_list/intellectual/sk-basket
国語と算数の授業を中心に，指導計画の作成や教育課程の編成等が学べる。

◆初めて通級による指導を担当する教師のためのガイド
（文部科学省）
　https://www.mext.go.jp/a_menu/shotou/tokubetu/material/1414027.htm
通級による指導の実践例（16事例も！）や基本事項・用語まで押さえられる。

◆生徒指導提要（改訂版）
（文部科学省）
　https://www.mext.go.jp/a_menu/shotou/seitoshidou/1404008_00001.htm
令和４年12月に改訂され，「多様な背景を持つ児童生徒への生徒指導」という章が
設けられた。クラスにいる配慮が必要な子供たちへの指導の指針となる。

◆『改訂第３版　障害に応じた通級による指導の手引―解説と Q&A』
（文部科学省編著　海文堂出版）

【執筆者紹介】 ＊執筆順

喜多　好一	東京都江東区立豊洲北小学校　統括校長
いるかどり	空に架かる橋　代表
長江　清和	国立特別支援教育総合研究所　上席総括研究員
小島　久昌	東京都港区立青山小学校
池田　康子	神奈川県川崎市立富士見台小学校
イトケン太ロウ	東京都公立小学校
鈴木　日菜	北海道教育大学附属札幌中学校
倉橋　雅	北海道札幌市立澄川小学校
後藤　清美	東京都世田谷区立船橋小学校
増田謙太郎	東京学芸大学教職大学院
本山　仁美	埼玉県さいたま市立南浦和小学校
五郎丸美穂	山口県岩国市立東小学校
小島　徹	東京都多摩市立東寺方小学校
大村知佐子	富山県富山市立五福小学校
内田　義人	茨城県日立市立大久保小学校

【編者紹介】

特別支援教育の実践研究会
（とくべつしえんきょういくのじっせんけんきゅうかい）
『特別支援教育の実践情報』（隔月）を刊行している。

喜多　好一（きた　よしかず）
東京都江東区立豊洲北小学校　統括校長
全国特別支援学級・通級指導教室設置学校長協会　前会長

〔本文イラスト〕木村美穂

※本書中で紹介している外部へのリンクやアプリ等商品情報は
　ご執筆いただいたときのものです。掲載・販売元でサービス
　内容の改訂，終了，仕様変更，中止の可能性がありますこと，
　どうぞご了承ください。

授業づくりのポイントがわかる
はじめての「特別支援学級」
みんな花マル授業ガイド

2024年4月初版第1刷刊　©編　者　特別支援教育の実践研究会
　　　　　　　　　　　　　　　　　　喜　多　好　一
　　　　　　　　　　　発行者　藤　原　光　政
　　　　　　　　　　　発行所　明治図書出版株式会社
　　　　　　　　　　　　　　　http://www.meijitosho.co.jp
　　　　　　　　　　　（企画）佐藤智恵（校正）粟飯原淳美
　　　　　　　　　　　〒114-0023　東京都北区滝野川7-46-1
　　　　　　　　　　　振替00160-5-151318　電話03(5907)6703
　　　　　　　　　　　ご注文窓口　電話03(5907)6668
＊検印省略　　　　　　組版所　長野印刷商工株式会社

Printed in Japan　　　　　　　　ISBN978-4-18-198112-9
もれなくクーポンがもらえる！読者アンケートはこちらから